人生が本当に変わる
「**87**の時間ワザ」

時間術大全

MAKE TIME

HOW TO FOCUS ON
WHAT MATTERS
EVERY DAY

ジェイク・ナップ
JAKE KNAPP

ジョン・ゼラツキー
JOHN ZERATSKY

櫻井祐子 =訳
YUKO SAKURAI

MAKE TIME
by
Jake Knapp & John Zeratsky

Copyright © 2018 by John Knapp and John Zeratsky
All rights reserved.
Japanese translation rights arranged with Jake Knapp & John Zeratsky
c/o Fletcher & Company, New York through Tuttle-Mori Agency, Inc., Tokyo

速度を上げるばかりが人生ではない。
―― マハトマ・ガンディー

INTRODUCTION

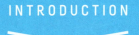

これが「時間オタク」の全技術だ

現代人は、会えばこんな会話をしている。

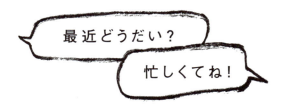

現代人の予定表はこんな感じ。

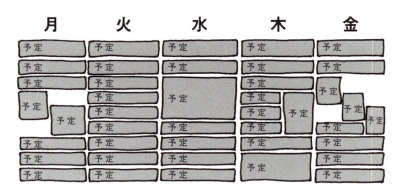

毎日、朝から晩までスマホはノンストップ。

夜には疲れすぎてネットフリックスを見る元気もないほどだ。

INTRODUCTION　これが「時間オタク」の全技術だ　3

1日を振り返って、「今日はいったい何をしたのか？」と思うことはないだろうか？　いつか——永遠に来ない「いつか」——やろうと思っている計画や活動のことを考えて、白昼夢にふけることはないだろうか？

　『時間術大全』（原題：MAKE TIME）は、クレイジーなまでの忙しさをペースダウンする方法、大事なことのために時間をつくる方法に関する本だ。

　いまほど忙しい思いをせず、気を散らされずに、いまこの瞬間をもっと味わうことはできると、僕らは信じている。脳天気だと思われるかもしれないが、僕らは大まじめだ。

どんな状況の人でも時間を生み出せる方法

　本書のシステム「メイクタイム」は、生産性とは関係ない。
　作業効率を高めるとか、やるべきことを早く終わらせる、生活をアウトソーシングするという話じゃない。**自分にとって大事なことをする時間をもっとつくるためのノウハウ**だ。
　家族とすごす、語学をマスターする、副業を始める、ボラン

ティア活動をする、小説を書く、マリオカートをきわめるなど、何のための時間をつくりたい人にも、メイクタイムは役に立つ。

そしてメイクタイムを実践するうちに、1日ごとに自分の人生を主体的に生きられるようになっていく。

まず最初に、**なぜ近ごろは毎日がこんなに忙しくバタバタしているのか**、その理由を教えよう。また、あなたがいつもストレスいっぱいで集中できないと感じているとしても、それがなぜあなたのせいじゃないのかについても説明しよう。

21世紀のいま、2つの大きな力があなたの時間の1分1分を得ようと競い合っている。

1つは**「多忙中毒」**と僕らが呼ぶ風潮。忙しいのをよしとする考え方だ。

メールであふれんばかりの受信箱に、びっしり埋まった予定表、長い長いやることリスト。この中毒にはまっていると、現代の職場の要求に応え、社会で務めを果たすために、つねに高い生産性を保ち続けることになる。ほかのみんなが忙しくしているのだから、自分だけペースを落とせば、二度と遅れを取り戻せなくなってしまう……。

あなたの時間を奪っている2つめの要因は、僕らが**「無限の泉」**と呼ぶものだ。これはスマホのアプリなど、コンテンツがたえず補充されるものをいう。引っ張って更新するものやストリーミング配信されるものは、全部これに入る。こうしたいつでも利用可能な、常時更新されるエンタテインメントは、たえまない忙しさに疲れ果てているあなたへの"ごほうび"になっている。

でも、たえまない忙しさは、本当に避けられないのか？
無限の気晴らしは、本当にごほうびなのか？

INTRODUCTION　これが「時間オタク」の全技術だ　5

それとも、誰もがただ自動運転モードから抜け出せないだけなのか？

あなたの時間の9割は「デフォルト」で決まっている

「多忙中毒」と「無限の泉」の2つの要因がなぜ強力かといえば、それらが生活の"デフォルト"になっているからだ。

技術用語でいうデフォルトとは、何かのデバイスを使い始めるときの「初期設定」のことだ。使用者は自分で変更しない限り、そのままの設定で使い続けることになる。

たとえば新しいスマホを買うと、ホーム画面にはデフォルトでメールやブラウザのアプリが入っている。**デフォルトの設定だと、メッセージが着信するたびに通知が来る**。壁紙や着信音もデフォルトのものが設定されている。

こういったオプションはどれもアップルやグーグルなどのスマホのメーカーによってあらかじめ選ばれたものだ。変更したければ変更できるが、それには手間がかかるから、多くのデフォルト設定がそのまま定着する。

じつは、**デフォルトは生活のほとんどの場面に入り込んでいる**。

デバイスだけじゃなく、職場にも文化にも、「忙しい状態や注意散漫な状態が正常であたりまえ」というデフォルト設定が組み込まれているのだ。

本来なら、白紙の予定表を見て、「適当なミーティングで予定表を埋めるのがいちばんいい時間のすごし方だ！」なんて思う人はいないはずだ。「今日いちばん大事なことは、他人の気まぐれな要求に応えることだ！」なんて人もいない。**あたりまえだ。**

なのにデフォルトの考え方のせいで、誰もがまさにそういう行動をとっている。

本当なら立ち話で用が足りるような話でも、それが仕事なら、「ミーティングは30分か60分」となんとなく決めてしまっている。予定表に何が入るかは、デフォルトで他人によって決められ、ミーティングでびっしり埋まってもかまわないと、デフォルトで考えてしまっている。そしてデフォルトで残った時間を使ってメールやメッセージのやりとりをし、デフォルトで受信箱をつねにチェックして全員に即レスする。

目の前のものごとに反応せよ。迅速に対応せよ。予定を埋め、効率を高め、もっと仕事をこなせ——これが、多忙中毒のデフォルトルールだ。

多忙中毒からやっと抜け出したと思ったら、「無限の泉」が手ぐすねを引いて待っている。たえまなく仕事をさせようとするのが多忙中毒のデフォルトなら、たえまなく気を散らそうとするのが無限の泉のデフォルトだ。

スマホやラップトップ、テレビは、ゲームやSNS、動画であ

ふれている。何もかもが指先ひとつで操作でき、たまらなく魅力的で、依存性さえある。ためらいを起こさせるような面倒な手間はどこにもない。

　フェイスブックを更新する、YouTubeを視聴する、最新ニュースをチェックする、キャンディクラッシュをプレイする、ネットフリックスをイッキ見する――飢えた無限の泉のデフォルトは、多忙中毒のあとに残ったほんの少しの時間のかけらまで食い尽くす。

　平均的な人はスマホを1日に4時間利用し、テレビ視聴にもう4時間を費やしているということを考えれば、注意散漫は文字どおりフルタイムの仕事だ。

「意志力」や「生産性」を上げても意味がない

　そんなわけで、あなたは多忙中毒と無限の泉のあいだで引き裂かれそうになっている。

　でも、あなたはこんなことでいいのか？　日々の生活や人生に何を求めるのか？　こういうデフォルトを、自分で決め直したデ

フォルトに書き換えられたらいいと思わないか？

「意志力」は脱出口にならない。

　僕ら自身、いま挙げたような誘惑に抵抗してきたから、それがどんなに手に負えないものかよくわかっている。また長年テクノロジー業界で働いた経験から、アプリやゲーム、デバイスにいくら抵抗しても、結局は根負けしてしまうことも知っている。

「生産性向上」も解決策にならない。

　実際、僕らは雑用にかける時間を減らし、やるべきことをもっとつめこもうとしてきた。問題は、片づけても片づけても、すぐにまた別の仕事や要求がやってくることだ。ハムスターの回し車のように、速く走れば走るほど、ますます回転は速くなる。

　だが気を散らすものから注意を引き離し、自分の時間の主導権を取り戻す方法はたしかにある。**そこで役に立つのが、この本だ。**「メイクタイム」は、何に集中したいかを決め、それを実行するためのエネルギーを蓄え、デフォルトの悪循環を断つことによって、自分の生き方に意識的に向き合うための枠組みだ。

　「スケジュール」は完全にコントロールできなくても——そんなことができる人はまずいない——「注意」を向ける先は完全にコントロールすることができる。

　これから自分のデフォルトを設定する方法を説明しよう。この新しい習慣と新しいマインドセットをもてば、世界にいちいち反応するのをやめ、自分にとって大事な人や、大事な活動のための時間を積極的につくれるようになる。

　これは「時間の節約」とは違う。**大事なことのために時間を"つくる"方法なのだ。**

　この本のアイデアを実践すれば、予定表に、脳に、毎日に余裕

ができる。

この余裕のおかげで、明晰な思考と穏やかな心をもって日々をすごすことができる。新しい趣味を始めたり、「いつかやりたい」と思ってきたプロジェクトに取りかかったりする機会ができる。創造のエネルギーを取り戻し、新しく生み出すこともできる。

だがそれを説明する前に、**まず僕らが何者で、なぜこんなに時間とエネルギーにこだわるのか**、どういういきさつで時間を生み出す「メイクタイム」のシステムを考案したかを説明するとしよう。

／Google×YouTube出身の／「時間オタク」のメソッド

僕らはジェイクとJZだ。イーロン・マスクのようなロケット開発をしている大富豪でもないし、ティム・フェリスのようなハンサムな教養人でも、シェリル・サンドバーグのような天才的経営者でもない。

時間管理法の本といえば超人が書くものか、超人について書かれたものと決まっているが、**この本には超人はいっさい登場しない**。僕らは読者のみなさんと同じ、ストレスにやられたり気が散ったりする、あやまちを犯しがちなふつうの人間だ。

僕らがちょっと変わった視点をもっているのは、長年テクノロジー業界でGmailやYouTube、グーグル・ハングアウトなどのプロダクトの構築に関わってきたプロダクトデザイナーだからだ。

僕らはデザイナーとして、抽象的なアイデア（「メールが自動的に振り分けられたらよくないか？」など）を現実世界の解決策（Gmailのプライオリティボックスなど）に変える仕事をしてきた。そのために、テクノロジーが生活のなかでどういう位置づけにあり、生活をどう変えているのかを理解する必要があった。

　この経験をとおして、無限の泉がなぜこんなに魅力的なのか、**無限の泉に主導権を奪われないようにするにはどうしたらいいか**について、僕らなりの考えをもつようになった。

時間は「デザイン」できる

　そうして数年前、僕らは時間という目に見えないものを「デザイン」できることに気がついた。でもその気づきをテクノロジーや事業機会として開拓するより先に、僕らの人生のいちばん意味のあるプロジェクトやいちばん大事な人たちとの時間にあてはめることにした。

　毎日、**自分にとっていちばん大事なこと**のために、少しだけ時間をつくろうとした。多忙中毒のデフォルトを見直し、やることリストと予定表をデザインし直した。無限の泉のデフォルトを見直し、テクノロジーを利用する時間と方法をデザインし直した。

　僕らの意志力には限りがあるから、**どのデザインも簡単に実行できるものでなくてはならなかった。**また約束を全部断るわけにはいかないから、制約条件のなかで動いた。実験と失敗、成功を重ね、やがて答えにたどりついた。

　これから僕らが編み出した原則と戦術を紹介しつつ、僕らの犯したヒューマンエラーや、オタクっぽい解決策についても語ろうと思う。まずは次のような話から始めたい。

INTRODUCTION　これが「時間オタク」の全技術だ　11

Jake

ただのiPhoneを「気が散らないiPhone」に変える

　あれは2012年のことだ。リビングルームで息子が木製の電車セットで遊んでいた。ルーク（当時8歳）はせっせと線路をつなげ、フリン（赤ん坊）は機関車によだれを垂らしていた。そのときルークがふと顔を上げて、こう言ったのだ。

> パパ、どうしてスマホを見てるの？

　ルークは僕をとがめるつもりはなく、ただ不思議に思ったのだろう。でも**僕はうまく答えられなかった**。もちろん、その瞬間にメールをチェックする理由が何かあったはずだが、大した理由じゃない。その日は子どもたちとすごす時間を朝から楽しみにしていて、やっとその時間が来たというのに、僕はうわのそらだった。

　そのとき、頭のなかで何かがカチリとはまった。僕はこの一瞬だけ気が散っていたんじゃない。**問題はそれよりずっと根深いの**だ。

来る日も来る日も、僕はただ目の前のものに反応していた。予定表に、受信したメールに、際限なく更新されるネット上のコンテンツに。家族との時間がどんどんこぼれ落ちていったが、何のために？　あともう1つメッセージに返信し、あともう1つやることリストから項目を消すために？

これに気づいた僕は、心底がっかりした。なぜって、僕はそれまでバランスのとれた生活をめざして努力してきたつもりだったからだ。

▶ iPhoneから「気を散らすもの」を削除する

このころ、僕は生産性と効率性の達人を自負していた。勤務時間をそこそこに抑え、毎晩夕食に間に合う時間に帰宅した。理想的なワークライフバランスだと思っていた。

でももしそうなら、なぜ8歳の息子にうわのそらだと見抜かれたんだろう？　仕事をコントロールできていたはずなのに、なぜいつも気ぜわしく、気が散っていたのか？　朝200通あった未処理メールを深夜までにゼロにしたからといって、充実した1日だったと本当にいえるのか？

そして僕は、はたと気づいた。生産性を高めたからといって、いちばん大事な仕事をしていることにはならない。たんに他人の優先事項にすばやく対応しているだけなのだと。

僕はネットをいつも気にしていたせいで、子どもに正面から向き合っていなかった。本を書くという「いつかやりたい」大きな目標も、ずっとあとまわしにしていた。実際、1ページもタイプしないまま数年がすぎていた。誰かのメールや誰かの更新情報、誰かのランチ画像の海で立ち泳ぎするので精一杯だった。

INTRODUCTION　これが「時間オタク」の全技術だ　13

僕は自分にがっかりしただけでなく、猛烈に腹が立った。怒りにまかせてスマホから**ツイッター、フェイスブック、インスタグラムのアプリを削除した**。ホーム画面から1つアイコンが消えるたび、心の重しが取り除かれるような気がした。

　それからGmailのアプリを見て歯ぎしりした。当時僕はグーグルにいて、Gmailのチームで何年も開発に取り組んでいたのだ。僕はGmailを愛していた。それでも心を鬼にした。そのとき画面に表示されたメッセージを、いまも覚えている。信じられないとでもいうかのように、**本気でアプリを削除するつもりなのか**と聞いてきたのだ。僕はゴクリと唾を飲み込み、「削除」をタップした。

　アプリがなくなったら不安や孤独を感じるのではないかと思っていた。その後の何日かで、たしかに心に変化があった。といっても、ストレスを感じたんじゃない。**むしろホッとして、解放感を覚えていた**。

ほんの少しでも退屈するとiPhoneに反射的に手を伸ばすクセがなくなった。子どもたちとの時間は、いい意味でゆっくりすぎていった。「なんてこったい」と僕は思った。

「iPhoneですら毎日を豊かにする役に立っていなかったのなら、ほかはどうなんだ？」

僕はiPhoneと、iPhoneがくれる未来的な能力を愛していた。でもその能力とセットでやってきたデフォルトをそっくりそのまま受け入れたせいで、僕はポケットのなかのピカピカのデバイスにいつも縛られていたのだ。

▶ 「リセット」できるものを洗い出す

自分の生活にはほかに考え直し、リセットし、デザインし直さなくてはならない部分がどれだけあるだろうと考えた。何も考えずに受け入れてしまっているデフォルトはどこにある？　そして主導権を取り戻すにはどうしたらいいのか？

iPhoneの実験のすぐあとに、僕は新しい仕事に移った。まだグーグルにいたが、社外のスタートアップに投資を行うベンチャーキャピタル、グーグル・ベンチャーズ（現GV）の所属になったのだ。

そこで初日に出会ったのが、ジョン・ゼラツキーという男だ。

INTRODUCTION　これが「時間オタク」の全技術だ　15

最初、ジョンのことを嫌いになろうとした。ジョンは僕より若いうえに、正直ルックスも僕よりいい。そのうえいけ好かないのは、いつも穏やかなところだ。ジョンがストレスに苦しむ姿なんて見たことがない。

　重要な仕事を予定より早く終わらせ、サイドプロジェクトの時間まで見つけている。早く起き、早く仕事をすませ、早く帰宅する。いつもにこやかにほほえんでいる。なんでそんなことができるのか？

　とはいえ、僕は結局ジョン、通称 JZ と仲よくなった。JZ とはとてもウマが合うことがすぐわかった——いまでは兄弟同然だ。

　JZ も僕と同じで、多忙をよしとする風潮にうんざりしていた。僕らは 2 人ともテック好きで、技術系サービスのデザインに長年関わっていた（僕が Gmail のチームにいたとき、JZ は YouTube にいた）。だが僕らはそうした無限の泉に膨大な注意と時間が浪費されていることにも気づき始めていた。

　そして JZ も僕と同じく、この現状を何とかしなければと思っていた。JZ はこの問題に関しては、オビ＝ワン・ケノービ的存在だった——ローブの代わりにチェックのシャツとジーンズを身にまとい、フォースの道の代わりに「システム」を信奉しているという点だけが違った。

▶ 気を散らすものを遠ざける「システム」

　彼の説く「システム」は神秘的ですらあった。まだ具体的なかたちにはなっていなかったが、「そういうものがたしかにある」と JZ は信じていた。「システム」とは要するに、気を散らすものを遠ざけ、エネルギーを保ち、もっと時間を

つくるためのシンプルな枠組みだ。

ちょっと引くだろう？

僕も最初はそうだった。でも彼が「システム」について語るのを聞きながら、いつしか激しくうなずいている自分がいた。古代人類史や進化心理学にくわしいJZは、僕らの狩猟採集民としてのルーツと、めまぐるしい現代世界とのあいだの大きなギャップに、問題の一端があると考えていた。

また彼はプロダクトデザイナーの視点から、この「システム」を機能させるには、意志力だけに頼って気を散らすものと戦い続けるより、デフォルトを変更してそういうものから距離を置くしかないと考えていた。

そうか、と僕は気づいた。この「システム」とやらは、もし本当に完成させることができれば、まさに僕が求めていたものになる。

そんなわけで僕はJZとタッグを組んで、冒険の旅に乗り出したのだ。

 JZ

朝から晩までの全時間を最適に「デザイン」する

白状すると、ジェイクの考えた「気が散らないiPhone」はちょっと過激に思えて、すぐには試さなかった。でもやってみるととても気に入った。

そこで僕ら2人は、デフォルトの設定を「注意散漫」から「集中」に切り替えるために、ほかにデザインし直せるものはないだろうかと考えた。

僕はまず、ニュースを読むのは週に一度と決め、睡眠時間を調整して朝型人間になろうとした。食事を1日6食、少しずつとる実験を始め、結局は1日2食たっぷり食べる方法に落ち着いた。長距離走からヨガ教室、毎日の腕立て伏せまで、ありとあらゆる運動を試した。プログラマーの友人に頼んで、特注のタスク管理アプリまでつくってもらった。

　ジェイクはといえば、1日のエネルギーレベルをまる1年にわたってスプレッドシートに記録し、コーヒーと緑茶のどっちを飲むべきか、運動するのは朝と夕方のどっちがいいのか、自分は人付き合いが好きか嫌いか（答えは……ほとんどの場合好きだった）にまで答えを出そうとした。

　このとりつかれたような実験から多くを学んだが、僕らがめざしたのは、自分たちだけに効果のある方法じゃない。誰でも自分の生活に合わせて調整できる、普遍的な「システム」があるはずだと信じていた。これを見つけるためには、僕ら以外の被験者が必要だ。そして僕らには運よく、それにうってつけの実験室があった。

▶ グーグル式「最速仕事術」を導入する

　ジェイクはグーグルにいたとき、「スプリント（デザインスプリント）」という手法を生み出した。スプリントは、緻密にデザインされた1週間の仕事術だ。チームで5日間の予定を全部キャンセルして、最初に決めた活動のチェックリストに沿って、毎日たった1つの問題に集中して取り組む。

　この手法は僕らにとって、時間をデザインする初めての取り組みで、大いに成功した。スプリントはまたたく間にグーグル全社に広まった。

2012年にはグーグル・ベンチャーズの投資先のスタートアップとともにスプリントを行うようになり、その後の数年間で150回以上のスプリントを行った。参加者はプログラマーから栄養士、CEO、バリスタ、農業生産者まで、1000人近くに上った。

僕ら時間オタクにとって、これは夢のような機会だった。何度も1週間をデザインし直し、スラックや23andMe、ウーバーといったそうそうたるスタートアップの優秀なチームから学ぶことができた。メイクタイムの基本原則の多くは、このスプリントでの発見にヒントを得ている。

「スプリント」をしてわかった 4つの教訓

1 毎朝、最優先目標を決めると「魔法」が起きる

僕らがまず最初に学んだのは、「1日の初めに優先度の高い目標を1つ決めると、魔法が起きる」という教訓だ。

スプリントでは毎日、チームで1つの大きな問題に集中する。

月曜日に問題の「マップ」を作成し、火曜日に各メンバーは問題のソリューションを「スケッチ」する。水曜日にはベストのソリューションを「選択」し、木曜日にその「プロトタイプ」（試作品）を作成し、金曜日に顧客に参加してもらい、「テスト」する。各曜日の目標は手ごわいが、たった1つだ。

この焦点のおかげで、やるべきことが明確になり、モチベーションが上がる。手ごわいが頑張れば達成できる目標を1つ決めると、1日が終わるころにはやり遂げている。目標をチェックし

てリストから外し、仕事のことを頭から追い出して、充実した気持ちで家に帰れるというわけだ。

2 「デバイス禁止」で仕事の質が変わる

スプリントで学んだ2つめの教訓は、「デバイス禁止にすると仕事がはかどる」ということだ。

僕らはルールを決める側だったから、ラップトップやスマホなどのデバイスを禁止にして、めざましい成果を挙げた。メールなどの無限の泉のたえまない誘惑を遠ざけると、全員が目の前の仕事に100%の注意を向け、デフォルトが「集中」に切り替わった。

3 集中には「エネルギー」が必要

3つめの教訓は、「集中して仕事に取り組み、明晰な思考を保つには、エネルギーが重要」だということ。

スプリントを開始した当初、チームは甘いものでエネルギーを補給しながら長時間働いていたが、週も後半にさしかかるとエネルギーレベルが急低下した。そこで僕らはやり方を試行錯誤し、ヘルシーなランチや短い散歩、頻繁な休憩、時間の短縮といった工夫が、エネルギーレベルを最大に保ち、その結果として優れた仕事を効率よく行うのに役立つことを学んだ。

4 「実験」すればするほど時間が生まれる

4つめに、こうした実験を通して、そう、「実験の力」を知った。「実験を通してプロセスを改善」し、いろいろな工夫の結果を自分の目で確認した結果、自分たちのやり方について、他人の実験結果をただ読むだけでは絶対に得られない、ゆるぎない確信を持つことができた。

「スプリント」はチームで1週間かけて行うが、**個人も同様に毎日をデザインし直せるはず**だと、僕らはすぐに気づいた。こうして学んだ教訓が、メイクタイムの土台になった。

もちろん、完成までには紆余曲折があった。「多忙中毒」と「無限の泉」に呑まれることもまだあった。僕らが開発した戦術には、習慣として定着したものもあれば、失速して失敗したものもあった。

それでも日々の結果を検討するうちに、つまずく原因がわかってきた。また実験的手法をとったことで、失敗しても自分に優しくなれた。**失敗は1つのデータにすぎないし、明日になればまたやり直せる**。

つまずきはしたが、メイクタイムはもちこたえた。僕らはかつてないほどエネルギーにあふれ、頭に余裕が生まれ、おかげで「いつかやりたい」と思いながらできずにいた大きなプロジェクトに着手することができた。

Jake
^

> 僕は夜間に執筆の時間を取りたかったが、テレビの誘惑が大きな問題だった。そこで実験を重ね、デフォルトを抜本的に変更した。DVDプレーヤーをクローゼットにしまい、ネットフリックスを解約した。
>
> そうして自由になった時間で冒険小説に取り組み、スプリントの本(『SPRINT 最速仕事術』ダイヤモンド社)のために中断したとき以外はずっと書き続けた。本を書くという、子ども時代からの夢のために時間をつくれて、最高の気分だった。

JZ

　僕と妻のミッシェルの長年の夢は、ヨットで長旅をすることだった。僕らは古いヨットを購入して、週末ごとに2人で手を入れた。このときもメイクタイムの戦術を使い、1日のタスクを1つ決めて、それをやり遂げるための時間を予定表に書き込んだ。おかげでディーゼルエンジンの整備や電気系統、遠洋航海について学ぶ時間をつくることができた。
　僕らはこれまでサンフランシスコから南カリフォルニアを経てメキシコへ、さらにその先へと旅をしている。

こんなに「簡単」に切り替えられる

　よい成果が得られたことがうれしくて、僕らは役に立ったメイクタイムの方法をブログで公開し始めた。数十万人の読者が記事を読み、多くの人がコメントをくれた。独りよがりのバカ者め、なんて批判もあったが、圧倒的大多数が励みになるうれしい感想だった。
　読者は「スマホからアプリを削除する」「毎日優先事項を1つ決める」といった戦術を実行して、劇的な変化を経験していた。エネルギーに満ち、充実感を覚えていた。実験は僕らだけじゃなく、多くの人にも効果があったのだ！
　ある読者は言った。
「こんなに簡単に切り替えられるなんて驚いたよ」
　このひとことがほぼすべてを言い表している。自分の時間と注

意を取り戻すことは、驚くほど簡単にできるのだ。

ジェイクが「気が散らない iPhone」で学んだように、**変化を起こすために鉄のような自制心はいらない**。

必要なのはデフォルトを設定し直し、バリアを設け、時間の使い方をデザインすることだ。

メイクタイムの手法を実践し始めると、こういう小さな変化がよい結果を生むから、ますますやりたくなる。試せば試すほど、自分のことをよりよく理解し、システムを改善することができる。

メイクタイムはべつにアンチ・テクノロジーの試みじゃない。

そもそも僕らはテクノロジーオタクだ。完全にネット断ちしろとか世捨て人になれなんて言わない。現代人らしく、インスタグラムで友人をフォローしたり、ニュースを読んだり、メールを送ったりしてもいい。

でも「あれをやれ」「もっとやれ」とさかんに急き立ててくる世界の標準的行動に背を向ければ、テクノロジーを活用しながらも、主導権を自分の手に取り戻すことができる。

そして、**いったん主導権を握れば、自分でゲームのルールを書き換えることができる**のだ。

INTRODUCTION　これが「時間オタク」の全技術だ　23

時間術大全

CONTENTS

INTRODUCTION これが「時間オタク」の全技術だ —— 2

どんな状況の人でも時間を生み出せる方法 —— 4

あなたの時間の9割は「デフォルト」で決まっている —— 6

「意志力」や「生産性」を上げても意味がない —— 8

Google×YouTube出身の「時間オタク」のメソッド —— 10

時間は「デザイン」できる —— 11

「スプリント」をしてわかった4つの教訓 —— 19

こんなに「簡単」に切り替えられる —— 22

メイクタイムのしくみ —— 34

「4ステップ」を毎日繰り返すだけ —— 34

ハイライト：毎日「最重要事項」を選ぶ —— 35

レーザー：「気を散らすもの」を撃退する —— 37

チャージ：体を使って「脳を充電」する —— 38

チューニング：システムを調整、改善する —— 39

成功のコツは「選ぶ、試す、繰り返す」 —— 39

「完璧」をめざさない —— 40

毎日の「あたりまえ」にしてしまう —— 42

HIGHLIGHT
ハイライト

毎日に「ちょうどいい目標」を置く —— 50

今日の「ハイライト」は何にしよう? —— 50

ハイライトの「3つの選び方」—— 52

基準1つめ:緊急性 —— 52

基準2つめ:満足感 —— 53

基準3つめ:喜び —— 54

「直感」を信じて最高のハイライトを選ぶ —— 55

「おもしろそうで、手ごわそう」な戦術にトライする —— 57

> ハイライト戦術

ハイライトを選ぶ

戦術 01 書く —— 60

戦術 02 デジャブする(別名「昨日をもう一度」)—— 61

戦術 03 「優先順位」を明確にする —— 62

戦術 04 「雑事」をまとめる —— 66

> 戦術バトル:やることリスト —— 67

戦術 05 やるかもしれないリスト —— 69

戦術 06 バーナーリスト —— 71

戦術 07 「ひとりスプリント」をする —— 75

> **ハイライト戦術**

ハイライトの時間をつくる

戦術 08　ハイライトを予定に入れる —— 78

戦術 09　予定を「ブロック」する —— 81

戦術 10　予定表に「ブルドーザー」をかける —— 84

戦術 11　正直に「ドタキャン」する —— 85

戦術 12　ただ「ノー」と言う —— 86

戦術 13　1日をデザインする —— 88

> 戦術バトル：朝方vs夜型 —— 92

戦術 14　「朝型人間」になる —— 93

戦術 15　夜を「ハイライトタイム」にする —— 97

戦術 16　「もう1つだけ」はナシ —— 100

LASER
レーザー

世界は「気を散らすもの」だらけ —— 105

「意志力」だけでは絶対に集中できない —— 106

なぜ「無限の泉」はこんなに抗しがたいのか？ —— 111

テレビ、ネット、ゲームが爆発的に進化している —— 112

人に「本能」がある限り、無限の泉には勝てない —— 113

今日ガマンできないなら、明日はもっとガマンできない —— 115

「バリア」を取り戻す —— 116

「注意の切り替え」を減らす —— 117
レーザーモードは「人のため」になる —— 119

レーザー戦術

スマホの「主」になれ

戦術 17	「気が散らないiPhone」を試す —— 122
戦術 18	「ログアウト」する —— 128
戦術 19	「通知」をオフにする —— 129
戦術 20	ホーム画面を「からっぽ」にする —— 131
戦術 21	「腕時計」をはめる —— 133
戦術 22	デバイスを置いて帰る —— 135

レーザー戦術

「無限の泉」を遠ざける

戦術 23	「朝の巡回」をやめる —— 138
戦術 24	「散漫クリプトナイト」を遮断する —— 139
戦術 25	「事件」を放っておく —— 142
戦術 26	「おもちゃ」を片づける —— 145
戦術 27	「Wi-Fiなし」で飛ぶ —— 147
戦術 28	「タイマースイッチ」でぶった切る —— 149
戦術 29	ネットを「解約」する —— 152
戦術 30	「時間クレーター」に気をつけろ —— 153
戦術 31	「見せかけの達成感」に騙されない —— 155
戦術 32	邪魔ものを「ツール」に変える —— 156
戦術 33	「いいときだけ」のファンになる —— 158

レーザー戦術

メールを「スロー」にする

戦術 **34** メールは「1日の終わり」にする —— 164

戦術 **35** 「メールタイム」を決める —— 164

戦術 **36** 受信箱を空にするのは「週1回」—— 165

戦術 **37** メールを「手紙」と思え —— 165

戦術 **38** 返信は遅く —— 166

戦術 **39** 「期待」をリセットする —— 168

戦術 **40** 「送信専用メール」をつくる —— 170

戦術 **41** 「オフライン宣言」をする —— 172

戦術 **42** 「メールスケジュール」を組む —— 173

レーザー戦術

テレビを「お楽しみ」に変える

戦術 **43** ニュースを見ない —— 178

戦術 **44** テレビを「隅っこ」に追いやる —— 179

戦術 **45** テレビを「スクリーン」に替える —— 180

戦術 **46** 食べ放題ではなく「アラカルト」にする —— 181

戦術 **47** 愛しているなら手放してやれ —— 182

レーザー戦術

フローに入る

戦術 **48** ドアを閉める —— 186

戦術 49 　自分で「締め切り」をつくる —— 187

戦術 50 　ハイライトを「こっぱみじん」にする —— 189

戦術 51 　「レーザー・サウンドトラック」を流す —— 190

戦術 52 　「目立つタイマー」をセットする —— 192

戦術 53 　ツールに凝らない —— 194

戦術 54 　「紙」から始める —— 196

レーザー戦術

ゾーンにとどまる

戦術 55 　「ふとした疑問」を書きとめる —— 199

戦術 56 　「ひと呼吸」を意識する —— 199

戦術 57 　「退屈」を味わう —— 200

戦術 58 　行きづまる —— 201

戦術 59 　1日休む —— 202

戦術 60 　「一意専心」する —— 203

CHARGE
チャージ

あなたのなかには「バッテリー」がある —— 209

脳にいい「チャージ」の方法を徹底研究した —— 211

僕らの心身は「古代人」と変わらない —— 214

古代と現代の「いいとこどり」をする —— 215

古代人式「エネルギー・チャージ」6つの原則 —— 217

チャージ戦術

動き続ける

戦術 61　毎日運動する（でも頑張りすぎない）—— 222

戦術 62　歩きまわる —— 227

戦術 63　「めんどくさいこと」をする —— 229

戦術 64　「超短ワークアウト」をねじこむ —— 231

チャージ戦術

「リアルフード」を食べる

戦術 65　「狩猟採集民」のように食べる —— 236

戦術 66　「セントラルパーク盛り」にする —— 238

戦術バトル：断食 vs 間食 —— 239

戦術 67　ハングリーであれ —— 240

戦術 68　子どものように「おやつ」を食べる —— 242

戦術 69　「ダークチョコレート主義」を通す —— 244

チャージ戦術

「カフェイン」をうまく使う

戦術 70　「カフェインなし」で目を覚ます —— 252

戦術 71　「疲れる前」にコーヒーを飲む —— 253

戦術 72　「カフェインナップ」をとる —— 254

戦術 73　「緑茶」で力をキープする —— 255

戦術 74　ハイライトに「ターボ」をかける —— 256

戦術 75　カフェインの「門限」を決める —— 257

戦術 76　「糖」を切り離す —— 258

チャージ戦術

喧騒を離れる

戦術 77　森と親しむ —— 260

戦術 78　気軽に「瞑想」する —— 262

戦術 79　「ヘッドホン」を置いていく —— 266

戦術 80　「本当に安まること」をする —— 267

チャージ戦術

親密な時間をすごす

戦術 81　仲間とすごす —— 270

戦術 82　「画面なし」で食べる —— 273

チャージ戦術

洞窟で眠る

戦術 83　寝室を「寝る部屋」にする —— 276

戦術 84　「日没」をつくりだす —— 278

戦術 85　すきあらば「仮眠」する —— 281

戦術 86　毎日の「時差ボケ」を防ぐ —— 282

戦術 87　自分の「酸素マスク」を先につける —— 284

TUNING

チューニング

科学的方法で毎日をチューニングする —— 287
結果を記録するために「メモ」をとる —— 288
「感謝」で習慣が継続する —— 291
小さな変化が大きな成果を生む —— 292

「いつか」を今日にする

システムを「変化」させていく —— 300
いますぐ始めるためのクイックスタート・ガイド —— 301
ある日の予定表 —— 302
時間オタクのための参考図書 —— 306

謝辞 —— 311
メイクタイム・メモ —— 320

※本文中の〔　〕は訳注を表す。青字の脚注は、特記のない限り原注を表す。

メイクタイムのしくみ

「4ステップ」を毎日繰り返すだけ

　メイクタイムの4ステップは、僕らがスプリントや独自の実験、読者が実際に試して得た結果などから学んだことをもとにしている。

　1日の流れを大まかに表すと、こんなふうになる。

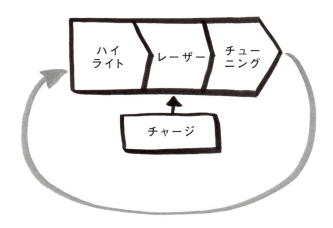

ステップ1で、その日に優先する「ハイライト」を1つ決める。
　ステップ2で、特別な戦術を使ってハイライトに「レーザー光線のように集中」し続ける。つねにつながり続けているこの世界で、気を散らすものに打ち勝つ秘訣を紹介しよう。
　ステップ3で、時間と注意力を1日中コントロールするために「エネルギー」を蓄える。
　ステップ4で、1日を振り返って簡単な「メモ」をとる。
　各ステップにズームインして、くわしく見てみよう。

ハイライト：
毎日「最重要事項」を選ぶ

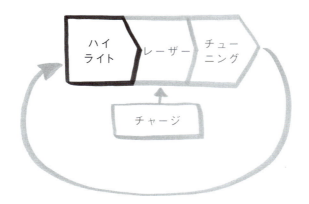

　メイクタイムの最初のステップでは、何のために時間をつくるのかを決める。**毎日、その日の優先事項としてスケジュールを確保する活動（＝ハイライト）を1つ決めよう。**
　大事な仕事（プレゼンテーションの準備など）でもいいし、家庭での活動（夕飯づくり、ガーデニングなど）でもいい。やる必要はないがやりたいこと（子どもと遊ぶ、読書など）でもいい。

また、ハイライトは複数のタスクを含むものでもかまわない。

たとえばプレゼンテーションの準備を仕上げるには「結びの言葉を書く」「スライドを完成させる」「リハーサルをする」といったタスクが含まれるかもしれない。ならば、「プレゼンテーションの仕上げ」をハイライトに選べば、必要なすべてのタスクが対象になる。

1日中ハイライトだけに取り組むわけではないが、とにかくそれが最優先事項になる。

「今日のハイライトを何にしよう？」と考えることで、自分の大事なことに時間を使えるようになり、他人の優先事項に反応してまる1日を無駄にしたりせずにすむ。**ハイライトを選ぶことで、前向きで積極的な気持ちになれる**のだ。

そんな気持ちになれるように、1日のハイライトを選び、それをやり遂げる時間をつくる戦術を教えよう。

でもそれだけでは足りない。集中を邪魔されないように、気を散らすものに対処する方法を見直す必要がある。それをするのが、次のステップだ。

レーザー：
「気を散らすもの」を撃退する

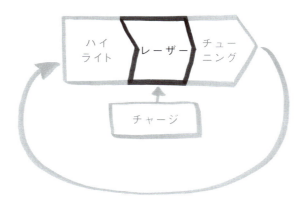

　メールやSNS、ニュース速報などの気を散らすものはどこにでもあり、この先もなくなることはない。洞窟に暮らし、ガジェットを捨て、テクノロジーを完全に断つなんてことはできないだろう。

　でも、反応のサイクルを断ち切るために、テクノロジーの使い方をデザインし直すことはできる。

　この項では、**テクノロジーを調整して、レーザーモードに入りやすくする方法**を教えよう。

　SNSのアプリからログアウトする、時間を決めてメールチェックするといったちょっとした変更が大きな成果を生むこともある。集中力を高める具体的な戦術を紹介しよう。

チャージ：
体を使って「脳を充電」する

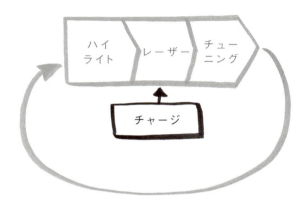

　集中力を高め、大事なことのための時間をつくるには、脳にエネルギーが必要だ。そのエネルギーは、体をケアすることで生まれる。メイクタイムの3つめの要素として、この**「運動や食事、睡眠、静寂、親密な時間などでバッテリーを充電する」**ことが入っているのは、そのためだ。

　これはあなたが想像しているほど難しいことではない。

　21世紀のライフスタイルは、人類進化の歴史を無視して、僕らからエネルギーを奪うかたちになっている。これは考えようによってはラッキーなことだ。現状が本来あるべき状態とあまりにもかけ離れているから、簡単に修正できる余地が大きいのだ。

　このセクションでは、**仮眠や運動、カフェインの戦略的利用などの戦術**を紹介する。健康マニアになれとか奇抜なダイエットをしろなんて言わない。僕らが提案するのは、ちょっとした変更でやりたいことをやるエネルギーが直ちに得られる方法だ。

チューニング：
システムを調整、改善する

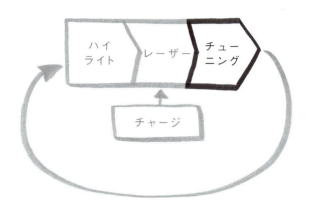

　最後のステップとして、「寝る前にメモをとる」。超簡単なことだ。どの戦術を続けたいか、改善したいか、やめたいかを考えるのだ。その日のエネルギーレベルがどうだったか、ハイライトの時間をつくれたか、その日何に喜びを感じたかを振り返ろう。

　これを続けるうちに、あなたの習慣と日課、脳と体、目標と優先事項にぴったり合った毎日のシステムができあがる。

成功のコツは
「選ぶ、試す、繰り返す」

　この本にはメイクタイムを実践するための87の戦術がつまっている。あなたに合う戦術もあれば、合わないもの（や、ばかばかしいとしか思えないもの）もあるだろう。この本は料理本のように考えてほしい。料理本のレシピを一度に全部試す人がいないように、全部の戦術を一気に試す必要はない。

むしろ戦術を選び、試し、繰り返してみよう。

まずは試してみたい戦術をチェックしながら、最後まで読んでほしい。ページの耳を折ったり、紙に書き出すのもいいだろう。難しいがギリギリできそうなものや、おもしろそうなものを探そう。

初めてメイクタイムをやる日は、**各セクションから戦術を1つずつ選ぶといい。**

ハイライトの時間をつくるための戦術を1つ、レーザー光線のような集中力を維持するための戦術を1つ、エネルギーを蓄えるための戦術を1つ。合計3つの戦術だ。

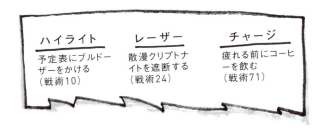

毎日新しい戦術を試さなくてもいい。

いまやっていることに効果があるなら、ぜひ続けよう！

効果がないか、もっと効果を上げられると思うなら、**毎日が実験のチャンス**だ。自分に合った完璧なメイクタイム・システムをつくってみよう。自分でつくるからこそ信用できるし、いまのライフスタイルに無理なく取り入れることができる。

「完璧」をめざさない

僕らはメイクタイムを開発するために本やブログ、雑誌、科学

研究を読みあさったが、その多くに気後れを感じた。きらびやかで非の打ち所のない数百人の人生を見せつけられたような気がした——楽々と仕事をこなす実業家に、悟りを開いたマインドフルなヨガ行者、完璧なプロセスを開発した作家、片手でマッシュルームを焼きながらもう一方の手でクレームブリュレを楽々と焦がすシェフ……。

読んでいてイラつくだろう？　いつも完璧な食事をし、完璧に生産的で、マインドフルで、安らかな状態でいるなんて、凡人には絶対無理だ。ブロガーが説く「朝5時までにすませるべき57のこと」なんて、できっこない。

たとえできたとしても、**そんなことはやるべきじゃない。**

じつは、完璧の追求も「注意をそらすもの」の1つだ。完璧を追求しても、本当に優先すべきものへの集中を妨げる“キラキラしたもの”がまた1つ増えるだけだ。

メイクタイムに関する限り、完璧は忘れよう。完璧をめざすのもいけない。**そもそも完璧なんてものは存在しない。**

そんなことをしなくても、メイクタイムはしくじりようがない。毎日、白紙の状態から始めるから、いくら途中で失敗しても問題にならない。

僕ら自身、この本の戦術の全部をいつも使っているわけじゃない。いつも使う戦術もあれば、ときどき使う戦術も、**まったく使わない戦術もある。**JZには効果があるがジェイクには効果がない戦術もあれば、その逆もある。僕らはそれぞれ完璧とはいえない独自のやり方をしていて、状況に応じてそれを適宜調整している。

ジェイクは旅行のときはスマホにメールアプリを入れていくし、JZはネットフリックスをイッキ見することもある——『ス

トレンジャー・シングス　未知の世界』はとにかくおもしろい！

　めざすべきは、融通の利かないガチガチなシステムではなく、調整しやすい柔軟な習慣だ。

毎日の「あたりまえ」にしてしまう

　この本を最初から最後まで読むと、やることが多すぎると感じるかもしれない。ところどころ拾い読みするだけでも——ぜひそうしてほしい——まだ多すぎると思うかもしれない。

　だから、メイクタイムの戦術を「やらなくてはならない余計なこと」と思わずに、ふだんの生活の一部にしてしまおう。僕らが高級スポーツクラブに入会したり、毎朝1時間のフィットネスクラスに通ったりするより、徒歩通勤（228ページ）や家での運動（233ページ）を勧めるのは、そのためだ。

　日常生活に取り入れやすいものこそが最高の戦術だ。

　無理してやるのではなく、自然体でやる。そしてほとんどの場合、やっているうちにそれがやりたいことになっていく。

　メイクタイムを実践することで、大事なことをやる余裕が生まれる。**いったんやり始めると、どんどんやりたくなる。**

　手始めに、何かを少しだけ変えてみよう。ポジティブな結果が積み上がるうちに、次第にもっと大きな目標に取り組めるようになっていく。もうすでに効率をきわめている人でも、メイクタイムを使えば、さらに集中でき、充実感を得られるはずだ。

　僕らはあなたを無意味な会議から連れ出したり、あなたの受信箱を魔法で空にしたりはできないし、あなたを禅マスターにするつもりもない。でもあなたが少しペースを落とし、現代社会の喧騒から逃れ、毎日に喜びを見つける手伝いをすることはできる。

HIGHLIGHT

ハイライト

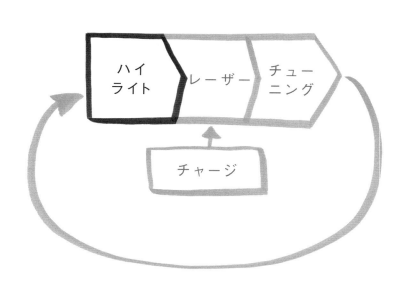

> われわれはすぎ去った日々を思い出すのではない。
> すぎ去った瞬間を思い出すのだ。
> ── チェーザレ・パヴェーゼ（作家）──

　多忙中毒の理屈でいえば、大事なことのために時間をつくりたいなら、「もっとやれ」ということになる。もっと成果を挙げ、もっと効率を上げ、もっと目標や計画を立てる。大切な瞬間を生活のなかでつくる方法は、それしかないのだと。

　だが、僕らはそう思わない。もっと仕事を片づけても、大事なことをするための時間はつくれない。もっと疲れ果て、気ぜわしく感じるだけだ。そして忙しいだけの日々が続くと、世界にもやがかかったようになり、時間はぼんやりすぎていく。

　この章ではそんなもやを消し、ペースダウンする方法を説明する。やることリストの次の項目に移るだけのためにバタバタとすごすのではなく、あとで愛おしく思い出せるような瞬間をじっくりと味わう方法だ。

　とてもシンプルな方法だが、僕らは目がまわるような忙しさのなかで数週間、数か月間もの時間を失うという手痛い経験をとおして、これを学んだ。

JZ

なぜ数か月も「何をしていたか」覚えていない？

　あれは2008年の初め、シカゴ史上かつてないほど雪の多かった冬のことだ。日は短く、道はドロドロで、悪天候のなか毎日出勤するのはひと苦労だった。そんなある朝、目覚め

HIGHLIGHT　45

た僕はぎょっとした。それまでの2か月のことを何ひとつ思い出せなかったのだ。

心配しないでほしい、僕は恐ろしい健康問題を抱えてもいないし、ジェイソン・ボーン風のCIAの陰謀に巻き込まれたわけでもない。とはいえ問題は深刻だった。数か月もの時間が、何の痕跡や足跡、証拠も残さずに忽然と消えてしまったのだから。

しかもそれは僕にとって忘れたくない時間だった。何もかもがうまくいっているはずだった。すてきな仕事に就き、すてきなガールフレンドがいて、親しい友人たちのそばに暮らしていた。「夢のよう」とうらやまれるような暮らしだ。

なのに、いったいなぜ僕は夢のような生活から自分だけが切り離されたような感覚に陥っていたのだろう？

▶ 無駄を「ゼロ」にしても解決しない

自分がどうなってしまったのかわからなかったが、どうしても知りたかった。

だから、例によって実験することにした。

まずは生産性を高めることにした。毎日にもっと多くのことをつめこめば、何かしら覚えておくことができるだろう。

その2年ほど前、急成長中のスタートアップで働いていたころから、僕は時間を有効活用することについてはきわめていた。仕事の予定をきっちり立て、完璧に段取りして、毎日受信箱のメールを全部空にして、頭に浮かんだ考えやアイデアをいつでも書きとめられるようポケットにメモカードまで入れていた。すべての思考時間に無駄がなかった！

この方法が職場で成功していたから、僕はこう考えた。こ

のノウハウは、プライベートな時間の有効活用にも使えるんじゃないか？

　僕は生活を「解決すべき問題」としてとらえ、ジャンル分けしたやることリストと、きっちりしたスケジュール、ばかばかしいほど細かいファイリングシステムによって、充実した生活を手に入れようとした。

　だが、うまくいかなかった。細かいタスクに集中しすぎたせいで、時間は前にも増して速く、ますますぼんやりとすぎていった。最低だった。

　僕はやり方を全面的に見直すことにした。**時間を細かく管理するのをやめ、長期的な目標に目を向けた**。1年、3年、5年、10年先の目標を立て、ガールフレンドと一緒に話し合った（彼女は翌年結婚してくれたから、少なくとも1つの目標は分かち合ってくれたんだろう）。

　目標設定は、やることリストの最適化よりも意味があるように思えたが、僕はまだ途方に暮れていた。長期目標はあまりにも遠い先のことで、やる気が出なかった。

ほかにも問題があった。途中で優先事項が変わったらどうする？　長年取り組んできた目標が、突然意味を失ったら？

　それに、来たるべき「いつか」のために日々をすごすことにも意欲が湧かなかった。作家のジェームズ・クリアが言うように、「いまの自分は未熟で、目標を達成するまでは完璧になれない」と言っているも同然だからだ。

▶ タスクと目標の「中間くらいのこと」が重要

　実験はうまくいかなかった。僕は目先の雑事と遠すぎる目標の板挟みになってしまった。2月と3月の陰鬱な天候のせいで気は滅入るばかりだった。だがいつしか冬がすぎ、春が夏になり、鳥が歌い始めると、求めていた解決策がひょんなことから見つかった。

　完璧に計画されたタスクや、練り抜かれた長期計画など必要なかった。時間のもやを消してくれたのは、単純だが充実した活動だった。

　たとえば、毎週金曜日は仲間と町はずれのレストランでランチをすることにしたのだが、気がつくと、いつもその日を心待ちにするようになっていた。仕事が終わってから湖畔をランニングすることも始めた。天気がよければ仕事を早めに切り上げて港に行き、日没までの数時間、セーリングをしたりもした。日が長く、夜が暖かかったのも幸いした。

　その年の夏は絶好のタイミングだった。僕はつまずいたからこそ、日々の生活に意味を与えることをするようになり、それが問題の解決策になることに気づくことができた。

　時間のもやを消すのに役立ったのは、仕事外の楽しみだけじゃない。こうした活動の時間をつくることの大切さを痛感

した僕は、「有意義な活動」という視点から仕事をとらえ直した。やることリストを早く片づけたり、退社前に受信箱を急いで空にしたりすることよりも、やりがいのある大事な仕事に集中した。

　ある日、経営幹部向けの重要なプレゼンをするのを楽しみにしている自分に気づき、ランチや湖畔のジョギング、夕方のセーリングと同じ充実感を、仕事からも得られることを知った。僕はやることリストのことは忘れ、デザインのワークショップを開催する、エンジニアと1日がかりでソフトウェアのバグを直すといった、自分にとって意味のあるプロジェクトに力を入れ始めた。

　もちろん、いつも友人とのランチや華々しい仕事ばかりをしているわけにはいかない。メールの返信や家の掃除、図書館の本の返却等、雑用は山ほどあった。こうした仕事もちゃんとこなしたが、いちばんの焦点を当てたのはそこじゃない。

　失われた数か月のことやその後の変化を振り返るうちに、わかったことがある。僕は大きく高い目標を立てるのが好きで、仕事を計画的に進めるのが得意だが、どちらも本当の充実感が得られることではなかったのだ。

　僕がいちばんしあわせを感じるのは、いまこの瞬間を心から味わうことのできる何かに取り組んでいるときだ。それはやることリストの項目よりは大きく、5年先の目標よりは小さい。計画を立て、心待ちにし、終えたときに達成感が得られるような活動だ。

　言いかえれば、毎日の生活にハイライトを設けることが必要だったのだ。

毎日に「ちょうどいい目標」を置く

「長期目標」と「タスク」のあいだの中間的な活動に集中することが、ペースを落とし、日々の生活を充実させ、時間をつくる秘訣だと、僕らは考える。

長期の目標は正しい方向に進むための指針にはなっても、そこに到達するまでの時間を楽しめない。小さなタスクは仕事をやり遂げるために必要だが、**焦点を設定しなければ、時間は忘却のもやのなかであっという間にすぎていく。**

「目標設定」の方法については自己啓発の専門家たちが、「タスク管理術」については生産性の専門家たちがありとあらゆる提案をしているが、その中間の領域はないがしろにされてきた。

この欠けている部分を、僕らは「ハイライト」と名づけた。

今日の「ハイライト」は何にしよう？

1日の初めに、その日のスポットライトをどこに当てたいかを考えよう。1日の終わりに「今日のハイライトは何だった？」と誰かに聞かれたとき、どう答えられたらうれしいだろう？　その

日を振り返るときにしみじみ嚙みしめたいのはどんな活動や成果、瞬間だろう？　それがあなたのハイライトになる。

　毎日、ハイライト以外にも、やることはたくさんある。受信箱を無視し、上司の要請を断り続けるなんてできない。でもハイライトを選ぶことで、自分のやるべきことをテクノロジーや職場のしきたり、他人によって一方的に指図されるのではなく、時間の使い方を自分で主体的に決められるようになる。

　多忙中毒のカルチャーでは、日々の生産性をできるだけ高めることがよしとされる。でもたとえやるべきことを全部片づけられなかったとしても、優先事項に集中したほうが、よい1日を送れるはずだ。

　ハイライトを決めると、毎日に焦点ができる。ある研究によると、人が1日をどう感じるかは、自分の身に起こる「できごと」によって決まるのではない。人は「何に注意を向けるか」によって、みずからの現実をつくりあげているのだ。

　これはあたりまえのようだが、とても大事なことだと僕らは思う。あなたはどこに注意を向けるかによって、自分の時間をデザインできるのだ。その注意を向ける対象が、毎日のハイライトになる。

　毎日のハイライトに集中すれば、無限の泉に気を散らされ、多忙中毒のカルチャーに踊らされている現状から抜け出せる。なぜならハイライトがあると、「時間を意識的に集中して使う」という、第3の道ができるからだ。

ハイライトの「3つの選び方」

1日のハイライト選びは、次の質問で始まる。

「今日1日のハイライトを何にしたいか？」

この質問にいつも簡単に答えられるとは限らない。とくにメイクタイムを初めてやるときは難しい。大事な仕事がたくさんあるときもそうだ。

また、とてもやりたいこと（バースデーケーキを焼く）と、締め切りが迫っていること（スライドを仕上げる）、やらなくてはと思いながら先送りにしてきた厄介なこと（ガレージにねずみとりを仕掛ける）がある場合も難しい。

そんなときは、どうやって決めればいいだろう？

僕らは3つの基準をもとにハイライトを選んでいる。

基準1つめ：緊急性

1つめの基準は、急を要するかどうかだ。

今日やらなくてはいけない、最も急を要することは何か？

あなたはこんな経験をしたことがないだろうか？

長い時間をかけてメールを処理し、ミーティングに出席したあげく、1日の終わりになって、本当にやらなくてはいけなかった仕事が終わっていないことに気づく……。

僕らはある、それも何度もだ。そのたび惨めになる。あの恨めしい気持ちといったら！

今日中に絶対終わらせなくてはならないことがあるなら、それをハイライトにしよう。

やることリストやメール、予定表のなかから、急を要するハイライトが見つかることも多い。時間的制約のある、中くらいの規模（10分では終わらないが10時間はかからない）の重要なプロジェクトがないか探してみよう。

急を要するハイライトには、たとえばこんなものがある。

▸ 見積もりを作成し、週末までにほしがっている顧客に送付する
▸ 仕事で企画しているイベントの会場とケータリングの提案書を作成する
▸ 夕食の材料をそろえ、友人たちが来る前に料理する
▸ 娘が明日学校に提出する課題を手伝う
▸ 家族が見たがっている旅行の写真を編集、共有する

基準2つめ：満足感

ハイライトを選ぶ2つめの基準が、満足感だ。

何をハイライトに選べば、1日の終わりに最大の満足感が得られるだろう？

1つめの基準は「やらなくてはいけないこと」だったが、この基準では「やりたいこと」を考える。

ここでもやることリストを出発点にしていい。ただし締め切りや優先事項は忘れて、違う考え方をする。それぞれの項目をやり遂げたとき、どんな満足感が得られるかを想像するのだ。

急を要しないプロジェクトを探そう。かねがねやりたいと思っていながらも時間をつくれずにいることはないだろうか。そのうち活用したいと思っているスキルや、完成前に一度みんなの反応

HIGHLIGHT 53

を確認したいと思っているプロジェクトがあるかもしれない。この種のプロジェクトは緊急性がないため、先延ばしにされがちだ。**ハイライトを利用して、「いつか」のサイクルを断ち切ろう。**

満足感の大きいハイライトにはこんなものがある。

- ▶ 有望な新プコジェクトの企画書を仕上げ、信頼できる同僚に見てもらう
- ▶ 次の家族旅行の行き先をリサーチする
- ▶ 執筆中の小説の次の章を 1500 語書く

基準 3 つめ：喜び

3 番めの基準は、喜びに注目する。

今日という日を振り返ったとき、いちばん喜びを感じられるのは何をしたときだろう？

すべての時間を有効活用して効率的にすごそうとしなくていい。メイクタイムがめざすことの 1 つは、「毎日を完璧に計画する」というあり得ない考えを捨て、ただ目の前のものごとに反応するだけでない、もっと喜びにあふれた生活を送ることだ。つまり、何かを好きだからやるということだ。

喜びをくれるハイライトは、他人には時間の無駄と思われるようなことかもしれない。たとえば家にこもって読書にふける、友人と待ち合わせて公園でフリスビーをする、クロスワードパズルを解くなど。

でも、僕らはそれを無駄と思わない。意識的に時間を使う限り、時間を無駄にしたことにはならない。

喜びが得られるハイライトはいろいろある。たとえば……

▶ 友人の新居お披露目パーティーに行く
▶ ギターで新しい曲をマスターする
▶ 愉快な同僚と楽しいランチをする
▶ 子どもを遊び場に連れて行く

「直感」を信じて 最高のハイライトを選ぶ

では、これらの基準をどう使えばいいだろう？

ハイライト選びでいちばん重要なのは、**今日は「緊急性」「満足感」「喜び」のどれをメインに置いた1日にするのか**を、直感で決めることだ。[*1]

1つの目安として、60分から90分程度でできることを選ぶといい。60分未満だと「ゾーン」に入らないまま終わってしまうかもしれないし、90分以上集中すると休憩が必要になる。

60〜90分が、最高の成果が得られるスイートスポットだ。それだけあれば意味のあることができるし、それくらいの時間なら無理なく予定に入れられるだろう。

そして、この章や本全体で紹介する戦術を使えば、**ハイライトのために60〜90分の時間をつくるのはわけない**はずだ。

初めてのときは、ハイライトを選ぶことに抵抗を感じたり、難しいと思ったりするかもしれない。でも大丈夫、それはごく自然な感情だ。そのうちコツをつかんで簡単に選べるようになる。

*1── 基準を3つとも満たすものがあるなら、それで決まりだ!

HIGHLIGHT 55

忘れないでほしい、メイクタイムはしくじりようがないのだ。1日単位のシステムだから、**何が起こっても翌日やり方を調整して、いくらでもやり直すことができる。**

　もちろん、ハイライトは魔法じゃない。エネルギーを集中する対象を決めたからといって、自動的にすばらしい1日をすごせるわけじゃない。

　だが意識的になることは、時間をつくるための重要な一歩だ。ハイライトをみずから選ぶことで、自分の優先事項に集中することがデフォルトになり、気を散らすものや現代生活の要求に振り回されることなく、大事なことに時間とエネルギーを費やせるようになる。

ハイライトは途中で「変更」してもいい

　ハイライトはいつ選んでも（変更しても）遅すぎるということはない。

　最近、思いどおりにいかない日があった。この本の原稿の手直し100ページ分をハイライトにする、と朝決めたのに、水回りのトラブルやひどい頭痛、夕食に急な来客予定が入るなど、1日中いろんなできごとに振り回され続けた。

　でも午後になって、**ハイライト（と気の持ちよう）を変えればいい**のだと気がついた。原稿の手直しという目標は忘れ、友人たちとの夕食を楽しむことに集中することにした。そう決めたとたん調子が上向き、思いきり楽しむことができた。

「おもしろそうで、手ごわそう」な 戦術にトライする

　JZ は 2008 年冬に空白の数か月を経験した直後に、ハイライトのアイデアに直接つながるようなひらめきを突然得たわけじゃない。だが日々の満足は小さなタスクや大きな目標ではなく、中くらいの大きさのハイライトから生まれるという気づきが種となり、やがて毎日の生活を計画するための方針へと成長した。

　僕らはいまでは毎日、ハイライトを選んでいるし、計画を実行に移すための戦術ももっている。「ハイライトを予定に入れる」（戦術 08）などのように毎日使う戦術もあれば、複数のハイライトをまとめて「『ひとりスプリント』をする」（戦術 07）など、たまに使う戦術もある。

　次のセクションでは、ハイライトを選び、それを実行する時間をつくる「ハイライト戦術」を紹介する。

　戦術を読むときは、「選ぶ、試す、繰り返す」の呪文を忘れずに。役に立ちそうで、おもしろそうで、ちょっと手ごわそうな戦術をメモしよう。

　初めてメイクタイムをやる人は、まずは「ハイライト戦術」を1つずつ試してみよう。効果があったものは日課にして続けよう。ハイライト選びや時間をつくるための助けがまだ必要なら、別の戦術を試そう。

　それじゃ、あなたにとっていちばん大事な人やプロジェクト、仕事にハイライトを当てる方法から始めよう。

＊2――まぁ、ほぼ毎日ということだ。前にも言ったように、ときどきさぼってもかまわない。

HIGHLIGHT　57

ハイライト戦術

ハイライトを
選ぶ

戦術01 ▼ 書く

戦術02 ▼ デジャブする（別名「昨日をもう一度」）

戦術03 ▼ 「優先順位」を明確にする

戦術04 ▼ 「雑事」をまとめる

戦術05 ▼ やるかもしれないリスト

戦術06 ▼ バーナーリスト

戦術07 ▼ 「ひとりスプリント」をする

戦術 01 　書く

いまさら言うまでもないが、計画を書き出すことには、魔法のような力がある。書いたことは実現する可能性が高い。ハイライトのための時間をつくりたいなら、まずは書いてみるのがいい。

ハイライトを書くことを簡単な日課にしよう。

これは何時にやってもいいが、夜（寝る前）か朝がやりやすいという人が多い。JZ は夜のんびりしながら翌日のハイライトを考えるのが好きだし、ジェイクは朝食から仕事を始めるまでのあいだにハイライトを選ぶ。

では、どこに書くか？　選択肢はいろいろある。スマホでリマインドを設定して、毎日、メモアプリに書いてもいいし、その日のイベントとしてカレンダーに書きこんでしまってもいい。ノートに走り書きするのでもいい。

でも、ハイライトを書きとめる方法を１つ選ぶとしたら、僕らはふせんを使う。ふせんは手に入れやすく、使い勝手がいいし、バッテリーもソフトウェア更新も不要だ。

ラップトップやスマホ、冷蔵庫、デスクなどに貼りつけて、「今日時間をつくってやりたい大事なこと」をいつもさりげなく思い出せるようにしよう。

戦術
02 〉 デジャブする
（別名「昨日をもう一度」）

　何をハイライトに選べばいいかわからない？　そんなときは映
画「恋はデジャ・ブ」のビル・マーレイのように、昨日をやり直
すこともできる。
　昨日と同じハイライトを設定する（＝デジャブする）のだ。デ
ジャブするべき理由はいろいろある。

▶ 昨日手をつけられなかったハイライトは、今日も重要なはず
　だ。再チャレンジのためにデジャブしよう。
▶ ハイライトをやり始めたが終わらなかった場合や、ハイライト
　が大きなプロジェクトの一部の場合、続けて同じハイライトを
　選んで仕事を進めたり、「ひとりスプリント」（戦術07）をする
　といい。弾みをつけるためにデジャブしよう。
▶ 新しいスキルや日課を定着させるには、繰り返すことが欠かせ
　ない。習慣にするためにデジャブしよう。
▶ 昨日のハイライトで喜びや満足感が得られたら、もっとやって
　みよう！　いい気分を長続きさせるためにデジャブしよう。

　毎日新しい自分になろうとしなくていい。
　もし自分にとってとても大事なことが見つかったなら、毎日そ
れに集中し続ければ、それは生活に根づき、成長し、いつか花を
咲かせるだろう。
　陳腐に聞こえるかもしれないが、本当にそうなのだ。

ハイライト戦術：ハイライトを選ぶ　61

戦術 03 「優先順位」を明確にする

　ハイライトをなかなか選べないときや、生活で何を優先すべき
かを判断しにくいときは、次の方法で自分にとって大事なことを
順位づけしてみよう。

用意するもの

▶ ペン1本
▶ 紙1枚（またはスマホのメモアプリ）

STEP 1　大事なテーマを「リストアップ」する

　仕事に限らない。「友人」「家族」「育児」「パートナー」などで
もいいし、恋人募集中なら「デート」もいい。趣味（「サッカー」
「絵画」など）を書き出してもかまわない。
「仕事」のようにざっくりしたテーマでもいいし、「昇進」「アポ
ロ・プロジェクト」のように具体的なものでもいい。ほかに考え
られるものとしては「健康」「お金」「自分磨き」など。
　そのコツは……

▶ 大きなくくりにして1、2語で表す（ひと目でわかるようにする
　ため）。
▶ 優先順位はまだつけずに、ただ書く。
▶ 3〜10個書き出す。

STEP 2　　そのなかで「いちばん大事なこと」を選ぶ

意外と難しいが、絶対にできる！
そのコツは……

▸ 「急を要すること」ではなく、「自分にとっていちばん大事なこと」は何か考える。

▸ やるのに労力が必要なことは何か考える。たとえば運動はとても大事だが、すでに習慣として定着しているなら、ほかに力を入れたほうがいいだろう。

▸ 自分の気持ちに正直になる。たとえば「バイオリンレッスン」より「仕事」を優先すべきだと思いつつも、本当はバイオリンがいちばんやりたいなら、それを選ぼう！

▸ 悩まない。リストはこれで確定というわけじゃない。来月、来週、明日、今日の午後にでも、新しい優先順位を決め直せる。

```
・旅行
・仕事
・家族
・スイミング
→・サキソフォン
・映画
・ガーデニング
```

ハイライト戦術：ハイライトを選ぶ　63

STEP 3 　　「2、3、4、5番めに大事なこと」を選ぶ

STEP 4 　　「優先順位順」にリストを書き直す

STEP 5 　　「いちばん」を丸で囲む

　最優先事項をどんどん進めたいなら、可能な限りいつもそれに関係のあることをハイライトに選ぼう。**丸で囲むと、それが最優先だということが胸に刻まれる**。決意をインクでしたためることには象徴的な意味がある。

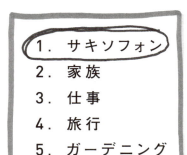

STEP 6 　　リストを「毎日のハイライト選び」に役立てる

　リストを手元に置いておき、何が自分の最優先事項なのかをつねに意識しよう。「今日のハイライトは何にしよう」と迷ったときは、このリストがつねに指針になってくれる。

ジェイクのリストはどうなっている？

僕のリストを2つ公開しよう。以下は2017年8月のもの。

1. 家族
2. 『時間術大全』の執筆
3. 小説の執筆
4. ワークショップ

ひと月後の9月、次のように優先順位を変更した。

1. 『時間術大全』の執筆
2. 家族
3. ワークショップ
4. 小説の執筆

そう、「家族」を2位に格下げしたのだ。なんて野郎だ！
でもJZが町を出てメキシコに出帆する10月までに原稿を書き上げるには、この本の執筆に全力投球する必要があった。それに家庭生活は順調だった。子どもたちはイベントや旅行で盛りだくさんの夏休みをすごして学校に戻り、家族で楽しめる日常の活動も決まっていた。

家族を2位に下げるといっても、ないがしろにしたわけじゃない。最も集中すべき対象を正直に選んだだけだ。

戦術
04 〉「雑事」をまとめる

　ハイライト以外のタスクが山積していると、ハイライトに集中
しづらい。**僕らも同じ問題を抱えている**。たとえば今日の JZ の
ハイライトは「原稿を書き上げること」だが、今週中に（先週の
旅行中にたまった）メールを処理し、電話を何本か返さなくてはな
らない。

　だがさいわい、**僕らには秘策がある**。

　小さなタスクをまとめて、一度のハイライトセッションで一気
に片づける。**細かい雑事をまとめて、1つの大きなタスクとして
取り扱う**のだ。たとえば今週のある日の JZ のハイライトは、「た
まったメールを処理する」や「いろんな電話を返す」になる。

　そんな雑事はハイライトにふさわしくないと思うかもしれない
が——メールのために時間をつくるなんて！——たまった仕事を
片づけると意外な満足感がある。受信箱ややることリストを空に
しようといつも焦るのではなく、**一気にまとめて片づければ、満
足度はさらにアップする**。

　ただし、毎日この戦術を使ってはいけない。これは時間を侵食
しがちな義務的な用事やタスクを処理するために、たまに使う戦
術だ。

　この戦術の真価は、これを使わない日にこそわかる。ハイライ
トに集中しているときに小さなタスクが積み上がっても、あなた
には遅れを取り戻すための秘策があるわけだから、**安心して放置
できる**のだ。

66

戦術バトル

やることリスト

　この本のすべての戦術が、すべての人に効果があるというわけじゃない。僕ら2人にもそれはあてはまる。

　僕らは戦術の効果について意見が合わないことがあるし（たとえばエネルギーが高まったのは「カフェインナップ」〈戦術72〉の効果なのか、「仮眠だけ」の効果なのか？）、同じ戦術を使っても、お互いにまったく異なる結果になることもある。

　でも本書では、意見が合わないからといって無難な戦術でお茶を濁すことはせず、対立するアドバイスを両方紹介することにした。ぜひあなたも実験して結果を自分で判定してほしい。

やることリストのほとんどは 「他人のため」の仕事

僕らの意見が一致することが1つある。

2人とも、やることリストが大嫌いなのだ。

リストに完了のチェックを入れるのは気分がいいが、つかのまの達成感で目が曇って「哀しい現実」が見えなくなる。その哀しい現実とは、「やること」のほとんどが、じつは自分ではなく他人の優先事項だということだ。

それに、タスクはやってもやっても終わらない。いつでも次のやるべきことが列をなして待ち構えている。やることリストは現代生活につきものの「終わらない感」を長引かせるだけなのだ。

そのうえやることリストを使うと、優先順位がわかりにくくなる。人はとくに疲労やストレスを感じているときや頭がいっぱいのとき、ただとにかく忙しいとき、いちばん楽な道を選びがちになる。やることリストでは簡単なタスクと、困難だが重要なタスクが混在しているから、この傾向がさらに強まり、重要なタスクを先延ばしにして、手早く簡単に片づけられるタスクをやりたくなってしまう。

とはいえ、やることリストはまったくダメというわけじゃない。リストに書いてしまったことは脳に入れておかずにすむし、すべてをまとめて一覧できる。これは"必要悪"なのだ。

やることリストがどんなに嫌いでも、使う必要がある。僕らは長年かけてそれぞれ独自のやることリストを開発した。

2人とも自分のリストがいちばんだと思っているから、どっちがいいか、あなたに判定してもらいたい。

戦術バトル ▶ やることリスト

戦術 05 〉やるかもしれないリスト

JZ

全部書き出してから絞り込む

　やることリスト問題の僕なりの解決策は、やるべきことを「選ぶこと」と、それを「実行すること」を分離するという方法だ。これを**「やるかもしれないリスト」**と名づけた。読んで字のごとく、やるかもしれないことのリストだ。

　まずは、やるかもしれないこと、つまり**やるべきことやできることをすべてリストに書き出す**。それからハイライトを選んで、実行するタイミングを予定表に書き入れるという方法だ。

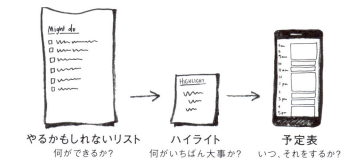

やるかもしれないリスト　　　**ハイライト**　　　　　　**予定表**
何ができるか？　　　　　　何がいちばん大事か？　　いつ、それをするか？

　計画をきちんと立てないと、いちばん楽な道を選びがちになる。でも「やるかもしれないリスト」から重要なタスクを抜き出し、それを1日のハイライトに決定し、予定表に書き入れれば、自分の時間の使い方に関して思慮深い決定を下

したと満足しながら、目の前のタスクに全力投球できる。

「やるかもしれないリスト」を使うと、仕事や生活の〝やること地獄〟から抜け出せる。

　妻と僕は2012年に最初のヨットを買い、2016年にそれを売って別のヨットに買い換えた。そして売買のたび、大きなプロジェクトに取り組むことになった。ヨットの整備には、簡単なこと（タオルのフックをとりつけるなど）から大変なこと（水を安全に飲めるようにするために配管を消毒するなど）まで、文字どおり数百もの「やること」があるのだ。もし、やることリストをそのまま実行に移そうとしていたら、途方に暮れていたに違いない。

　僕らは代わりに「やるかもしれないリスト」を使って秩序（と正気！）を保ち、楽なタスクだけで時間を無駄にしてしまうことなく、大事なタスクのために時間をつくることができた。具体的にどうやったかを説明しよう。

　まずは、ヨット仕事の前日に、2人で「やるかもしれないリスト」を見ながら、できることすべてについて話し合った。

　そしてハイライトの「緊急性、満足感、喜び」の3つの基準をもとに、その日にやる大事な仕事を選ぶ。

　そして、所要時間をできるだけ正確に見積もり、予定表に書き込んだ。

　その時間が来たら、道具とコーヒー、1日の計画表を持って、ヨットで落ち合って作業に取り組んだ。おかげで深い満足感と達成感を味わいながら、1日1日を終えることができた。

戦術バトル ▶ やることリスト

戦術 06 〉 バーナーリスト

Jake

**すぐに捨てる
「使い捨てリスト」を使う**

　JZの「やるかもしれないリスト」の考え方は気に入ったが、僕はもう少し細かい枠組みを使って、いちばん大事なハイライトを選び、進捗を確認したかった。

　僕のやり方は「バーナーリスト」という。このリストは、全プロジェクトを細部に至るまで追跡したり、無数のタスクを同時に実行したりする助けにはならない。

　でも、そこがいいのだ。バーナーリストはあえて限られたことしか書けないようにしている。

　このリストを作成すると、「目の前のすべてのプロジェクトやタスクを引き受けるのは無理」という事実をいやでも認識させられる。

　時間や精神エネルギーと同様、バーナーリストのスペースは限られている。だからリストのおかげで、必要なときには「ノー」と言って最優先事項に集中し続けることができるのだ。つくり方を説明しよう。

▶ **1. 紙を2つに分ける**

　白紙のまんなかに縦線を引き、左右に分割する。ページの左側が手前のバーナー（コンロ）、右側が奥のバーナーになる。

ハイライト戦術：ハイライトを選ぶ　71

▶ 2. 最重要プロジェクトを手前のバーナーに置く

　手前のバーナーに置くのは1つのプロジェクト（または目標）だけ。2つでも3つでもなく、1つだ。

　左上に「最重要プロジェクト」の名称を書き、下線を引く。そのすぐ下に最重要プロジェクトのタスクを書き出す。プロジェクトを前進させるために必要なタスクのうち、ここ数日でやれそうなものを全部書き出そう。

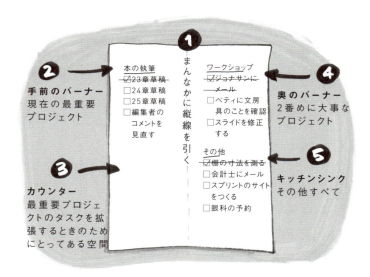

▶ 3. カウンター（調理台）のスペースは空けておく

　左側の残りのスペースは空けておく。考え得るタスクを全部書いてスペースを埋め尽くしたい気持ちはわかるが、バーナーリストをつくる目的は、紙面を効率よく埋めることじゃなく、時間とエネルギーの有効活用だ。

ここに空白があると、最優先プロジェクトの新しいタスクをどんどん書いていけるし、同じくらい大切なこととして、周りに余白があると、重要なことに集中しやすくなるというメリットもある。

▶ 4．2番めに大事なプロジェクトを奥のバーナーに置く

右側のいちばん上に、「2番めに大事なプロジェクト」の名称を書いて下線を引き、タスクをその下に書き出す。

要は、コンロで料理をするときと同じように、時間と注意を振り分けるということだ。注意を集中させるのは主に手前のバーナーだが、奥のバーナーのこともちろん意識して、ときどき鍋をかき混ぜたりパンケーキをひっくり返したりする。だがメインはあくまで手前のバーナーだ。

▶ 5．キッチンシンクをつくる

最後に、右側の下半分に、最重要プロジェクトや2番めに重要なプロジェクトとは無関係だが、やらなくてはならないタスクを書き出す。3番め、4番めに重要なプロジェクトに関連するタスクであれ、それ以外のタスクであれ、全部一緒くたにキッチンシンクに放り込む。

バーナーリストには、何でもかんでも書き入れるスペースはないから、重要でないものを切り捨てなくてはいけない。だが先にも言ったように、そこがいいのだ。

大きなプロジェクトが1つと、小さなプロジェクトが1つ、その他の雑多なタスクがいくつか。これが、僕が一度にやれる（またはやるべき）ことのすべてだ。1枚の紙に書き切

ハイライト戦術：ハイライトを選ぶ　73

れないことは、生活にも入り切らない。

　バーナーリストは使い捨てで、やること項目をいくつか終えるたびに捨ててしまう。僕はたいてい数日ごとにリストを捨て、そのつど新しいものをつくり直している。

　リストをつくり直すという行為が、このリストの売りだ。重要でなくなった未完のタスクを切り捨てられるし、いまの時点でどのプロジェクトを手前と奥のバーナーに置くかを改めて考え直す機会になる。

　最優先のバーナーに置くのは仕事のプロジェクトのときもあれば、私的なプロジェクトのときもある。状況が変化するのはあたりまえだ。このリストで重要なのは、手前のバーナーに置けるプロジェクトは一度に1つだけということ。

　それじゃ、料理を始めよう!

戦術 07 「ひとりスプリント」をする

　何かプロジェクトを始めるたび、脳はコンピュータが起動するときのように、関連情報やルール、プロセスなどをワーキングメモリ（作業記憶）に読み込む。この「起動」には時間がかかるが、**プロジェクトを再開するたびにいちいちこれをやり直さなくてはならない**。

　だからこそ、チームで「スプリント」をやるとき、メンバーは同じプロジェクトに5日間連続で取り組む。日が変わっても同じ情報がメンバーのワーキングメモリに保持されているから、課題をどんどん深く掘り下げていける。

　おかげで同じ時間を数週間、数か月間にわたって費やすよりもずっと大きな成果を挙げられるのだ。

同じハイライトに連続して取り組む

　スプリントのやり方をチームに独占させる手はない。**自分だけでも「ひとりスプリント」ができる**。

　リビングルームの壁塗りであれ、ジャグリングの習得や新しいクライアントのための報告書作成であれ、同じことに何日か続けて取り組むと、よりよい成果をより早く達成できる。

　同じハイライトを（必要なら数ステップに分割して）何日か続けて選び、脳のコンピュータを走らせ続けよう。

ハイライト戦術：ハイライトを選ぶ　75

数日間、同じプロジェクトにぶっ続けで取り組む。
毎日、同じハイライトにしてもいいし、
分割したステップをそれぞれの日のハイライトにしてもいい。

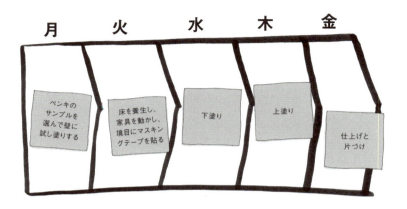

Jake

　僕はひとりスプリントの効果を、いつも執筆で実感している。長い休みのあとで執筆を再開する初日はつらい。ほとんど何も書けず、イライラして怒りっぽくなる。2日めもまだ低調だが、エンジンがかかり始める。3、4日めにはゾーンに入り、何としてでも勢いを持続させたくなる。

ハイライト戦術

ハイライトの
時間をつくる

戦術08 ▼ ハイライトを予定に入れる

戦術09 ▼ 予定を「ブロック」する

戦術10 ▼ 予定表に「ブルドーザー」をかける

戦術11 ▼ 正直に「ドタキャン」する

戦術12 ▼ ただ「ノー」と言う

戦術13 ▼ 1日をデザインする

戦術14 ▼ 「朝型人間」になる

戦術15 ▼ 夜を「ハイライトタイム」にする

戦術16 ▼ 「もう1つだけ」はナシ

戦術 08 ハイライトを予定に入れる

　ハイライトのための時間をつくるには、予定表から始めよう。
　最初の戦術「書く」（戦術01）と同様、この戦術もシンプルそのものだ。

1．ハイライトに「どれくらいの時間」をかけたいかを考える。
2．ハイライトを「いつやるか」を決める。
3．ハイライトを「予定表」に書き込む。

　何かの予定を立てるとき、あなたは自分に誓いを立て、「これをやるぞ」という小さなメッセージを自分に送っている。だがハイライトを予定に組み入れることの効果は、それにとどまらない。1日の時間の使い方を考えざるを得なくなるのだ。
　たとえば今日のハイライトが「買い物をして家族のために夕飯をつくること」だとしよう。「19時に夕飯ができていないと、子どもを時間どおりに寝かせられないから、18時には料理を始めないと。帰宅途中で買い物する時間を見込んで、17時に退社しなくては」とあなたは考え、予定表の17時に「退社」と書き込む。

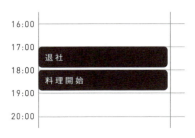

予定を決めたら、その時間はハイライトのために確保される。ミーティングの予定を入れたり、ほかの活動に充てたりすることはできない。

　ほかにやるべきことができたら、ハイライトの前後のどこかに入れるか、あとまわしにするかを決めることになる。

　ぼんやりした自分の優先順位を「予定」という具体的なかたちに変えることで、ほかのタスクより確実に優先できるようになるのだ。

JZ　　　　「時間」を決めなきゃ仕事にならない

　社会人になりたてのころはミーティングがそれほどなかったから、予定表を使う必要がなく、やることリストで代用していた。

　毎日出勤すると、やることリストを見て、「今日は何をするんだっけ？　ああ、そうか！」と思い出し、簡単にできそうな急ぎの仕事から取りかかっていた。

　でもこのやり方だと、1日の終わりにがっかりすることが多かった。いちばん大事な仕事が終わっていないことがあったし、リストの項目が全部終わったためしがなかった。

▶ グーグルで身についた習慣

　その後、グーグルに入社した。グーグルでは共有カレンダーがないと仕事にならなかった。

　自分のミーティング（山ほどあった）の予定を把握するだけでなく、同僚が僕をミーティングに招待するためにも必要

なのだ。同僚は共有カレンダーで僕の予定を見て、空き時間があったら、そこに直接、ミーティングの予定を入力してくる。

皮肉だが、僕が大事なことのために時間をつくれるようになったのは、グーグルの多忙でミーティングの多い社風──と共有カレンダーの使用が義務づけられていたこと──のおかげだった。

カレンダーを通して自分と同僚の時間の使い方を比較することができたし、スケジュールがすさまじくハードになるにつれ、**ハイライトのための時間をつくるには、予定にしっかり組み込む必要がある**ことを痛感した。

戦術
09 　予定を「ブロック」する

　予定表に何もスケジュールが入っていない状態で1日を始められるなら、1日のうちでエネルギーレベルと集中力が最も高い**理想の時間帯に、ハイライトの予定を入れたらいい。**

　でもほとんどの人にとって、からっぽの予定表で1日を始めるなんて、道端で1000ドル札を拾うくらいあり得ないことだ。可能性はゼロではないが、期待はできない。同僚があなたの予定表にミーティングを追加できるような職場で働いているならなおさらだ。違うアプローチをとる必要がある。

「予約ずみ」のブロックを使って、ハイライトのためのスペースをつくろう。

　JZはこのコツを友人のグレアム・ジェンキンに教わった。

　グレアムはグーグルで2007年から2008年までJZのボスだった人で、彼にできないことは何もないんじゃないかと思ってしまうほどの"超人"だ。

　彼は20人ほどいた部下の一人ひとりのことを気にかけ、親身

になって支援していた。その一方で、グーグルの主力サービスである広告管理サービス「アドワーズ」のリデザインを指揮していた。つまり、ユーザーインターフェースのデザインからユーザーテスト、仕様の見直し、エンジニアとの連携までのすべてに関わっていた。

そんな時間がどこにあるのか、朝から晩まで仕事をしているに違いないと、（JZを含む）ほとんどの人が思っていた。

でもそうじゃなかった。

毎日「自分のための時間」を確保する

グレアムの予定表は、典型的なエグゼクティブの予定表らしく、毎日がミーティングで埋まっていた。でも彼の予定表には変わった点が１つあった。**毎日朝の６時から11時までを、自分のために確保していた**のだ。

「それは私の時間だ。早く起きて早く家を出て、ジムでひと汗流してから朝飯を食べ、それからミーティングが始まるまで２時間ほど仕事をする」

とグレアムは言った。

「誰かに予定をねじこまれることはないんですか？」

とJZは聞いた。

「たまにあるが、先約があるからと断っているよ」

あれから10年経ったいまも、僕らはグレアムに教わったコツを使ってハイライトの時間をつくっている。またその間、ほかのコツも身につけた。次のようなものだ。

予定をブロックするときの3原則

1　守るな攻めろ

「予約ずみ」のブロックは、ただ同僚を避けたりミーティングを逃れるためには使わない。ブロックする時間は「チャージ」（207ページ）か「ハイライト」のための時間にして、意識的に使おう。

2　欲張らない

予定表をブロックするのはいいが、予定表をすべて埋めてしまってはいけない。何かの機会のために時間を空けておくことは大事だし、同僚にも喜んでもらえる。この戦術を初めて使うときは1日に1、2時間のブロックから始め、様子を見ながら増やしたり減らしたりしていこう。

3　本気を出す

あなたが本気でないなら、誰も本気にしてくれない。ブロックを重要なミーティングのように扱おう。その時間は空いているかと誰かに聞かれたときのために、グレアムの簡潔で便利な返事を覚えておこう──「先約があるんだ」。

戦術 10 予定表に「ブルドーザー」をかける

　カレンダーをブロックできないとき、ハイライトのために時間を空ける方法がもう1つある。ブルドーザーをかけるのだ。

　ちっぽけなブルドーザーが予定表を走り回り、予定をあちこちに動かしているところを想像してほしい。

　あるミーティングを15分に、別のミーティングを30分に圧縮する。個別面談を午前から午後に移し、ランチを半時間あとにずらして、ハイライトにまる2時間確保できるようにする。週内のミーティングを1日か2日にまとめて、それ以外の日を個人作業のために空けることだってできる。

　インターンよりボスのほうがブルドーザーをかけやすいのは当然としても、予定表は思っている以上にコントロールできるものだ。「大事な用ができたからミーティングを少し早く／遅くしてほしい」「1時間のミーティングの代わりに手短に話し合いたい」などと頼んでも何の問題もない。それどころかミーティングが短くなったり予定表から消えたりすると、大喜びされることも多い。

　ミーティングに呼ばれた人が極力決まった時間のまま応じようとするのは、それがほとんどの職場文化のデフォルトになっているからだ。

　でも、ミーティングの長さや日取りには大した根拠がないことも多いし、そもそもなぜ自分が呼ばれたのかさえ不明なこともある。職場の予定は何らかの全体的な構想に沿って決められるのではなく、アオミドロのように自然発生しているのだから、整理したって問題ない。

戦術

11 〉 正直に「ドタキャン」する

　何日、何週間ものあいだ、あまりにも忙しく、予定がいっぱい
で、ハイライトのための時間を捻出（ねんしゅつ）できそうにないこともある
だろう。そんなときは、**断れる予定がないか考えよう。**

　ミーティングをパスするか、締め切りを延ばしてもらうか、友
人との計画をとりやめられないだろうか？

　ああわかってる、ひどい話だ。ニューヨーク・タイムズもそう
した風潮を**「ドタキャンの黄金時代」**と呼び、嘆いている。

／ ストレートに理由を話す

　でも実際問題として、意味のあることをするためにはドタキャ
ンもやむを得ない、と僕らは考える。もちろん、いつでも何でも
キャンセルするわけにはいかないが、予定表の奴隷にならず、信
用できない人でなしにもならずにすむ方法はある。

　約束を守れない理由を正直に話して断るのだ。

　ドタキャンは長期戦略としてはまちがっている。だがそのう
ち、ハイライトの時間をつくるにはどれくらいまでなら約束を入
れても大丈夫かがわかるようになる。それまでのあいだは、自分
の優先事項を「いつか」できるときが来るまであとまわしにし続
けるより、多少波風を立てたほうがいい。

　思い切って断ろう。うしろめたく思わなくていい。文句を言わ
れたら、僕らにそそのかされたと言ってくれ。

ハイライト戦術：ハイライトの時間をつくる　85

戦術 12 ＞ ただ「ノー」と言う

「ブロック」「ブルドーザー」「ドタキャン」でもハイライトの時間をつくることはできるが、優先順位の低い約束から逃れるには、**そもそも最初から受けないのがいちばん**だ。

僕ら2人は断るのが苦手な、デフォルトで「イエス」と言ってしまうタイプの人間だ。それは優しさでもあり、はっきり言えば意気地のなさでもある。断るより**「イエス」と言うほうがずっと簡単**なのだ。

招待や新しいプロジェクトを断るのは気まずい。僕らは最初に断る勇気がなかったばかりに、**ハイライトに使えたはずの膨大な時間を無駄にしてきた**。だがこの問題に向き合ううちに、「ノー」をデフォルトにしたほうが気楽だということに気がついた。デフォルトを切り替えるのに役立ったのは、いつでも断れるように「シチュエーション別の断り方」を用意したことだ。

／「断り方」を決めておく

すでにハイライトの予定を入れていて、本当に時間がとれない？ そんなときは、**「悪いけど、大きなプロジェクトで忙しくて、新しいことに取り組む時間がないんだ」**

無理すれば新しいプロジェクトを予定に入れられるかもしれないが、中途半端になってしまいそう？ そんなときは、**「悪いけど、時間がなくてあまり貢献できそうにない」**

楽しめないであろうイベントに誘われた？ そんなときは、

「誘ってくれてありがとう、でもソフトボールにはうとくて」[*3]

　ひとことで言えば、「感じよく、正直に断る」ということ。人の頼みをはぐらかしたり、いいわけをでっちあげたり、いつまでも先延ばしにしたりするワザがいろいろあるのは知っている。僕らもいくつか試したことはあるが、後味が悪いし、不誠実だ。

　さらに悪いのは、難しい決定を先延ばしにしているだけ、という点だ。どっちつかずの態度を取り続けることは、船体にくっついたフジツボのように心の重荷になる。だからそんなワザはきれいさっぱり忘れて、フジツボをはがして本当のことを言おう。

　何かを頼まれて今回は断っても、いつか引き受けられる日が来るかもしれない。**しつこいようだが、正直になろう**。「誘ってくれてありがとう、ぜひまた今度」「頼んでくれてうれしかった、そのうち一緒にやりたいな」など。

　僕らの友人のクリステン・ブリランテスは、断るとき**「サワーパッチキッズ」**と呼ぶ方法を使っている。クリステンの返事は、あのグミキャンディーのように、**最初は酸っぱく最後は甘い**。

　たとえば、「残念だけど、うちのチームは参加できない。でもチームXに聞いてみたら？　そのイベントにぴったりのチームだよ」など。

　クリステンによれば、肝心なのは最後の甘い部分をただの甘言にせず、本当のことを言うことだそうだ。そのプロジェクトに関心を持ち、有能で、招待を願ってもないチャンスと受け止めてくれそうな人に引き合わせるよう努め、それが無理なら励ましや感謝の言葉をかける。**「私のことを考えてくれてありがとう」「とても楽しそうだね」**などの簡単な言葉でも気持ちは伝わる。

*3── 相手が友人なら、ユーモアを込めてバッサリ断るのもアリだ。友人「明日仕事前に1マイルランやらない？」、あなた「殺す気か」。

戦術
13 > 1日をデザインする

　グーグル・ベンチャーズで「スプリント」を実施したときは、**1日の計画を1時間刻み、ときには1分刻みで立てた**。毎回のセッションがスプリントの手法に磨きをかけるチャンスになった。

　その日の仕事の進み具合──メンバーのエネルギーが低下したのはいつか、進め方が早すぎたときや遅すぎたときはあったかなど──を追跡し、やり方を適宜調整した。

　予定表をブロックしてハイライトの予定を入れるのは、時間をつくる手始めとしてはいい。だが主体的で意識的な実験方法をさらに進化させ、**スプリントの教訓を生かして1日をデザインする**こともできる。JZは何年も前からそれを行い、毎日の時間をこんなふうに構造化している。

　そう、細かいだろう。とても細かい。コーヒーやシャワーの時間までブロックしている！

　JZはほとんどの日をこんな感じにデザインしている。夜にな

ると1日を振り返り、**何がうまくいったか、いかなかったかを簡単に評価し、計画と実際の時間の使い方を比較する**。そうして学んだことをもとに、明日からの計画を調整するのだ。

ここまで細かく計画するのはうっとうしいと思うかもしれない。「自由も主体性もあったものじゃない」と思うだろうか。

だがじつは、1日を構造化すると、かえって自由になれるのだ。計画がないと、次に何をするかを頻繁に決める必要があり、何をすべきか、何ができるかという迷いが集中の邪魔をする。

だが**1日の予定が完全に決まっていれば、「いまこの瞬間」に思う存分集中できる**。次は「何」をしようと考える代わりに、「どうやって」するかだけに集中すればいい。過去の自分が立てた計画を信じ、フローの状態〔没頭した集中状態〕に入っていける。

メールをチェックするのにいちばんいい時間はいつか、どれくらいの時間をかけるのがベストかといったことをいちいち毎回考える代わりに、前もって出した答えをもとに、1日をデザインしておくのだ。

Jake

全部決めてしまえば「余計な頭」を使わずにすむ

僕がお手本にしている人に、サラ・クーパーがいる。彼女は数年前、グーグルを辞めて専業の作家兼コメディアンになり、ウェブサイト「ザ・クーパー・レビュー」を立ち上げて、愉快な記事を次々と投稿し始めた。

僕はグーグルを辞めたとき、真っ先にサラに会いに行き、毎日、オフィス以外の場所で働いている彼女に、日々の時間管理について助言を求めた。

ハイライト戦術:ハイライトの時間をつくる 89

サラの秘訣は、**毎日しっかりした予測可能なスケジュールを立てて、1日1日をデザインしている**ことにあった。彼女はノートにスケジュールを書きこんで、実際に何ができたか、できなかったかを振り返れるようにしているという。
「このやり方をするようになって、1日には仕事を片づけるための時間が十分あることがわかった。やることリストをつくる代わりに、毎日の計画を30分刻みで立てているの」

▶ 予定を立て直すうちに「時間感覚」が身につく

　僕はこのアイデアが気に入ったし、JZが予定を細かく管理することにおかしな情熱を燃やしていることも知っていたから、自分でも試してみた。ただし予定表や日記を使う代わりに、カル・ニューポートが著書『大事なことに集中する』（ダイヤモンド社）のなかで勧めている手法を使った。
　1日の予定を1枚の紙に書き出し、**状況の変化や進展に合わせて計画を立て直していく**のだ。こんなふうに。

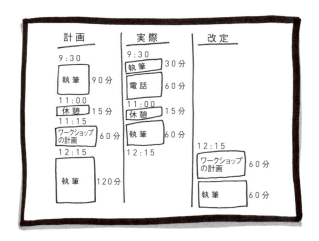

このやり方は効果があった。1日をこまめにデザインし直すうちに、自分がどんなふうに時間を使っているかを知り、いちばん筆が乗る時間帯を発見し、計画をあまり立て直さないですむようになっていった。

　いまでは、何かうまくいかないと感じたときにやるべきことはわかっている――1日をデザインし直すのだ。

戦術バトル

朝型vs夜型

　ハイライトのための時間を日中つくれないなら、早朝や深夜の時間を利用することを考えよう。

　JZは夜型人間だったが、努力して朝型に変わった。ジェイクは変われなかったから、夜を有効活用している。これが僕らの戦術だ。

戦術バトル ▶ 朝型vs夜型

戦術 14 〉「朝型人間」になる

 朝型になる「2つのコツ」

　2012年、僕は朝型人間になろうと決めた。
　といっても、簡単なことじゃない。僕は生まれてこのかた、ミーティングやイベント、授業などで早起きする必要があるとき、ベッドからすんなり出られたことがない。いつもバタバタして時間に追われ、二日酔いのようなもやがかかった頭で、ゾンビのようにグッタリすごしてきた。
　それでも僕は朝の可能性に惹かれた。早朝の数時間は「天からの恵み」のように思えた。ハイライトに取り組み、1日の準備ができる、2時間ほどの「自由」な時間だ。朝型人間になれば、早朝ミーティングの多い会社で働く妻との時間も増える。ミッシェルと違うスケジュールで動くのはつらかったし、一緒にすごす時間が減っていた。
　生まれつき夜型人間の僕が早朝の意識朦朧状態を避けるには、計画が必要だった。そこでほかの人に効果があった方法をリサーチし、簡単な実験をいくつか行った。
　そしてこれはうまくいった。
　「真夜中かもっと遅くまで画面を見つめながらデザイン作業や執筆、コーディングをする」という、典型的な夜型スケジュールを、たった2つの簡単なコツによって、「早寝早起きして朝の静かな時間をその日のハイライトに充てる」とい

ハイライト戦術：ハイライトの時間をつくる　93

う、それまでにない日課にすんなり切り替えることができた
のだ。

早起きの習慣をつけたい夜型人間のために、僕のコツを紹
介しよう。

▶ 1.「明かり」「コーヒー」「用事」を使う

光の覚醒効果を甘く見てはいけない。人間は明るいと目が
覚め、暗いと眠くなるようにできている。だが、始業前にハ
イライトの時間をつくりたいなら、夜明けまで待ってはいら
れない。

僕は朝起きると、アパートメントの明かりを全部つける。
また起床の1、2時間後でもいいから、できるだけ日の出を
見るようにしている。空が明むのを見ると、夜から朝に移
る時間だということを脳に教えてやれる。

僕には「コーヒー」も超重要だ。

カフェインを摂ると目が覚めるのは当然として、コーヒー
を淹れる一連の手順も僕の朝には欠かせない。簡単なハンド
ドリップ式でコーヒーを淹れるのに15分かかる。お湯を沸
かし、豆を挽き、フィルターをセットし、挽いた豆を入れ、
お湯を注ぎ入れる。マシンで淹れるより手間がかかるが、そ
こがいいのだ。

ゆったりとしたコーヒーの儀式のおかげで、意志力がまだ
弱く、メールやツイッターをチェックしてただ反応するだけ
の非生産的な渦に巻き込まれやすい時間に、忙しくしていら
れる。

キッチンに立ち、ゆっくりと覚醒し、今日これからのこと
を考えながら、ハイライトに取り組む準備ができるまでのあ

いだ、淹れ立てのコーヒーを楽しむ。

朝に「用事」があると、早く目覚めることができる。また僕は、何か用事ができるからこそ早起きをしているとも言える。

僕は朝イチでハイライトに取り組まない日も、何かしら理由をつけて夜明け前の時間をつくっている。朝は運動するのにうってつけだし、皿洗いやアイロンがけ、家の片づけをするだけでも、1日が始まる前にしっかり目を覚まし、充実感を得ることができる。

とはいえ、「明かり」と「コーヒー」、「用事」があっても、夜の過ごし方を調整しないことには早起きは難しい。

▶ 2.「前夜」をデザインする

自分にはどれだけの睡眠が必要で、実際にどれだけの睡眠をとっているのかを、きちんと調べることから始めよう。

僕がいちばん調子がいいと感じるのは、7〜8時間（冬は9時間）の睡眠をとったときだ。たいていの日は朝5時半に起きるから、21時半ごろにはベッドに入らなくてはいけないことになる。

夜型の人は、そんなに早く眠れないと思うかもしれない。僕もそうだった。

でもほとんどの人にとって、デフォルトの就寝時間は自分の体ではなく、実際には社会によって決められている。

デフォルトをリセットしたい人のために、役に立つコツをいくつか紹介しよう。

まず飲食物が睡眠に与える影響に注意しよう。

お酒を飲むと寝つきがよくなるような気がするかもしれな

いが、アルコールによって睡眠の質が低下し、とくにレム睡眠が妨げられるという証拠が多く報告されている。僕は夕食後にダークチョコレートを楽しんでいる（戦術69）が、カフェイン含有量が意外に多いことを、失敗を通して学んだ。

そしてリラックスできる環境を整えて、「ベッドタイム」が来たことを体に知らせよう。

僕はまず明かりを落とすことから始める。キッチンと玄関の明かりを消して、リビングルームとベッドルームはフロアランプに切り替える。

僕が気に入っている、ちょっと変わった日課は、セルフでやるターンダウンサービス〔ホテルで部屋を整えてくれるサービス〕だ。毎晩19時ごろにベッドルームのカーテンを閉め、ベッドから飾り用の枕とカバーを外して、寝やすいようにベッドを整える（くわしくは、戦術84「日没をつくりだす」）。

5時半起きをつらいと感じることもあるが、それでもいまでは朝を楽しめるようになった。そしてすばらしい見返りを得ている。ほとんどの日は9時半までに1時間、集中して大事な仕事をして、シャワーと着替えをすませ、3キロほど歩き、朝食と2杯のコーヒーをとっている。

誰もが朝型人間に向いているわけじゃないし、夜のほうが時間をつくりやすい人もいるだろう。それでも試す価値はある。

実際、僕もやってみるまで、自分が朝型人間になれるなんて知らなかった。シンプルな戦術と実験的なマインドセットを生活にあてはめると、意外な能力に目覚めることがあるのだ。

戦術バトル ▶ 朝型 vs 夜型

戦術 15 > 夜を「ハイライトタイム」にする

Jake

夜を生かすための「3段戦術」

　朝型人間になるか夜型人間になるかは遺伝的に決まっている。科学的根拠はないが、息子たちを数千日間この目で観察した結果から、そう断言できる。

　長男のルークは歌いながら起きるほどの朝型人間だ。朝食時にコーヒーも飲まないのに毎分2600語の弾丸トークができる。一方、次男のフリンは夜型で、朝は頭が混乱して機嫌が悪く、7時より前に話しかけると急所をパンチしてくる。

　気持ちはわかる。僕も夜型人間だ。JZの戦術で朝型人間になろうとしたこともあったが、そのたび子どもたちに邪魔されて挫折した。

　もどかしかった。家族持ちでフルタイムの仕事持ちだと、ハイライトのために邪魔されない時間を日中確保するのは至難のわざだ。早朝が無理なら、どこか別のところで時間をつくる必要がある。

　だから夜型人間であることを生かそうと決めた。21時半（子どもが寝る時間）から23時半（僕が寝る時間）までが、集中するための絶好の時間だ。

　それまで夜の時間を活用することを真剣に考えたことはなかったが、有効活用さえできれば、2時間ものボーナスアワーがすぐ手の届くところにあった。

最大の問題は、23時半まで起きているのは簡単でも、その時間にはたいてい電池切れを起こしていることだ。

意味のあることをする気力が残っていないから、以前はメールやシアトル・シーホークスの記事のチェックなど、低エネルギー、低メリットの活動でせっかくのボーナスアワーを無駄にしていた。

この問題を克服するのにしばらくかかったが、最終的に僕は夜の時間を「ハイライトタイム」にするための3段戦術を編み出した。

▶ 1. まずは「急速充電」

夜遅くにプロジェクトに取り組むと決めたら、まず本当に心が安まることをして（戦術80）、脳をリフレッシュする。次男が寝たら（20時半ごろ）、妻と長男と一緒に映画を少し見たり、小説を数ページ読んだり、キッチンを片づけてリビングのおもちゃをしまったりする。

そうするうちに「多忙モード」から頭が切り替わり、頭のバッテリーを充電できる。

とりつかれたようにメールをチェックしたり、PV稼ぎのニュース記事を読んだり、視聴者をイッキ見のブラックホールに引きずり込むどぎついテレビシリーズを見たりするのとは大違いだ。

▶ 2. 「ネット断ち」する

21時半ごろ、ハイライトモードに入る。執筆することが多いが、プレゼンテーションやワークショップの準備をすることもある。

急速充電したあとも集中力は 100％まで回復してはいない
から、タイマースイッチでインターネットを遮断（戦術 28）
して、最小限の意志力で執筆に集中できるようにする。

▶ 3. 睡眠までに「頭をゆるめる」

　深夜に仕事をしたあとは脳を休めないと睡眠に支障をきた
すことを、僕は身をもって学んだ。薄暗い照明にする（戦術
84）のも効果的だが、なんといっても大切なのは、エネル
ギーが完全に枯渇してしまう前にベッドに入ることだ。

　僕にとってタイムリミットは、23 時半。それまでにベッ
ドに入っていないと、翌日のエネルギーがガタ落ちになって
しまう。

戦術
16 > 「もう 1 つだけ」はナシ

　1 日の終わりが来ても、なかなか仕事をやめられないことがある。多忙中毒の風潮に流されて、つい「もう 1 つだけ」やろうとしてしまうのだ。メールをもう 1 通。タスクをもう 1 つ。疲れ果てるまで働いたあげく、寝る前にまたメールをチェックする。

　そう、自分からワナにはまっているのだ。

　多忙中毒の風潮があまりにも強いせいで、「もう 1 つだけ」が責任あるまじめな人の務めで、遅れずについていくにはそうするしかないと思わされている。

　でも、そうじゃない。疲れ果てるまで働くと、かえって遅れをとりやすくなるのだ。必要な休息がとれないから、優先度の高い仕事で最高の成果を挙げられない。

　「もう 1 つだけ」仕事をつめこもうとするのは、ガス欠の車で走り続けるようなものだ。どんなにアクセルを踏み込んでも、タンクが空では進めない。立ち止まって燃料を補給する必要がある。

　スプリントでは、メンバーが疲れ切る前に 1 日を終わりにすると、1 週間の生産性が劇的に高まることがわかった。1 日の労働時間を 30 分短くするだけでも、大きな違いがあった。

「締め切りタイム」をつくる

　では、いつやめればいいのか？

　すべてのメールに返信し（あり得ない）、すべての仕事を終わらせる（夢でも見てろ）のはあきらめて、自分のゴールを決めてお

こう。**スプリントでは、17 時を「カットオフ・タイム」**(締め切り)にした。

　ハイライトを基準にしてもいい。カットオフ・タイムが近づいたら、**ハイライトに取り組めたかどうかを考える**。取り組めたなら、その日、いちばん大事な仕事のための時間をつくれたことに満足しながら仕事を終えられる。達成度やかけた時間に関係なく、喜びと達成感、充実感を味わいながら 1 日を振り返ることができる。

　ハイライトに取り組めなかった場合は、きっと予期しない超重要プロジェクトに時間をとられたんだろう（そう望みたい）。その場合も、急を要する重要な仕事をしたという満足感を味わうことができるはずだ。**よくやった！**　受信箱のことは忘れて、その日はおしまいにしよう。

進みが「のろく」なったらやめる

　2005 年に、僕はシカゴのテック系スタートアップで働き始めた。フルタイムのオフィスワークは初めてだったから、長い勤務時間のあいだ、エネルギーを維持する方法を考える必要があった。僕は早い時間のほうが集中しやすかった。だから 1 日が終わりに近づき、**手がかからないはずの仕事にも苦労するようになったら、その日は帰っていいことにした。**

　ほとんどの場合、翌朝再開すると仕事はスイスイはかどり、前日そのままやり続けた場合よりもずっと短い時間ですんだ。ガス欠のときに無理にやろうとせず、頃合いを見てやめることで、燃料補給ができたのだ。

ハイライト戦術：ハイライトの時間をつくる

LASER

レーザー

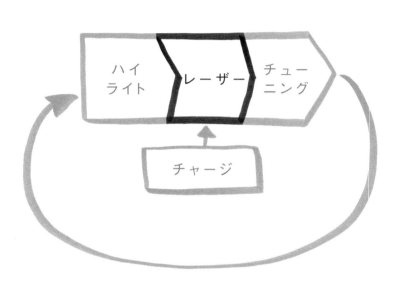

注意を払うこと。
それは私たちがいつまでもやり続けなくてはならない、
れっきとした仕事である
―――― メアリー・オリバー〈詩人〉 ――――

　さて、1日のハイライトを選び、忙しいスケジュールのなかで
時間をつくった。その時間が来たからには、集中しなくてはならない。しかし言うまでもなく、それが難しいのだ。
　この章では「レーザー」という精神状態について説明する。
レーザーモードの状態にある人は、まるでレーザー光線が標的に
照射されるように、いまこの瞬間に注意が向いている。フローの
状態に入り、いまこの瞬間に完全に集中し、没頭する。
　レーザー光線のようにハイライトに一点集中しているときの気分は最高だ。この気分こそが、自分の大事なことを主体的に選ぶ
ことで得られる、何よりの見返りだ。

世界は「気を散らすもの」だらけ

「レーザー」と聞くと、なんだか激しい感じがするかもしれないが、ハイライトを選び、そのための時間を確保してしまえば、難しいことや複雑なことは何もない。大事なことに取り組んでいて、集中するためのエネルギーがあれば、自然とレーザーモードに入っていける。
　ただし……ほかのことに気を取られていたのでは、話は別だ。
　注意散漫はレーザーモードの大敵だ。気を散らすものは、レーザー光線の進路に置かれた巨大なミラーボールのように、注意を

標的以外の四方八方に散逸させる。これが起こると、ハイライトに取り組めないまま終わってしまうこともある。

あなたはどうだかわからないが、**僕らはいろんなことに気を取られる、それもしょっちゅうだ。**メールに気を取られ、ツイッターにフェイスブック、スポーツや政治、テクノロジーのニュース、SNS で使える GIF アニメの検索に気を取られる。現にこの章を書いているいまも気が散っている。[*1]

「意志力」だけでは 絶対に集中できない

情けないやつらだと思わないでほしい。世の中は気を散らすものだらけなのだ。

受信箱やネット、ポケットのなかのピカピカのスマホには、いつも何かしら新しい情報があり、見ずにいられない。

アップルによれば、平均的な iPhone ユーザーは 1 日に 80 回もロックを解除する。消費者リサーチ会社 Dscout の 2016 年の調査によれば、**モバイルユーザーが 1 日にスマホを触る平均回数は 2617 回**だという。「注意散漫」が新しいデフォルトになっているのだ。

こんな世界では、意志力だけでは集中を保てない。僕らがこう言うのは、あなたが信用できないからでも、僕らの意志薄弱を正当化するためでもない。

僕らはあなたが立ち向かっているものの実態を知り尽くしているから言っているのだ。

前にも言ったとおり、僕らは「無限の泉」のなかでもとくに粘

---

*1── その後また集中できた。

着性の高い、2つのアプリの開発に関わった。

　気を散らす業界を内側から見てきたからこそ、**なぜアプリにこんなに抗しがたい魅力があるのか**を知っているし、テクノロジーの使い方を見直して主導権を取り戻すためにはどうしたらいいかもわかっている。

　僕らの物語を聞いてほしい。

 Jake

グーグルで「粘着性」を最大化した

　電子メールというものを初めて見たその瞬間——1992年、高校1年生のときだ——この世にこんなにクールなものがあるのかと驚いた。メッセージを入力して「送信」ボタンを押せば、メッセージは光の速さで伝わり、「すぐそこ」であろうが「地球の裏側」であろうが、別のパソコン上に瞬時に現れる。**なんてすごいんだ！**

　当時まだメールは知る人ぞ知る、かなりニッチなものだったから、僕は女の子にメールを教えてモテようとした。

　「ねえ君たち、こんなにクールで未来的な通信方法があるんだぜ。僕にメールをくれたら返事するよ！」

　戦術はなぜか失敗に終わり、しばらくのあいだ、僕はメール（と女性）の可能性に感嘆しながらも、指をくわえて見ているしかなかった。

　もちろんその後メールは普及し、僕が初めてフルタイムで働き始めた2000年には主要な通信手段になっていた。僕は主に仕事絡みの退屈な用件に使っていたが、それでもメールを全世界に飛ばすことに**魔法のような魅力**を感じていた。

LASER 107

▶ 毎日毎日、「改善」し続けた

2007年にグーグルに入社し、Gmailのチームに加わるチャンスを得たとき、自分の幸運が信じられなかった。**宇宙飛行士になれたとしても、あんなに興奮しなかっただろう。**

僕はGmailの機能を高め、使いやすくする方法を、せっせと考案した。メールの自動振り分けシステムなどの機能面の改善のほか、ユーザーがメッセージに絵文字を加えたり、受信箱の見た目を自分好みにカスタマイズしたりできる、楽しい機能も盛り込んだ。

僕らチームは、Gmailを考え得る最高のメールサービスにしたかった。そして**その進捗を測るための信頼できる指標は、Gmailの利用者数と利用頻度**だった。

「アカウントを新規開設したユーザーは、Gmailを試したあとも利用を続けるのか、やめてしまうのか？」「ユーザーはGmailを気に入ったと判断できるほど頻繁に利用しているか？」「僕らが開発したクールな機能は役に立っているか？」

グーグルが集積した膨大なデータを利用すれば、こうした疑問に答えを出すことができた。

Gmailが成長しているのかどうか、僕らの実験が**Gmailの「粘着性」を高め、ユーザーを引きつけているのかどうか**は、指標からはっきりと判断できた。

僕はこの仕事を心から愛していた。毎日が刺激に満ちていた。一つひとつの改善で、ユーザーの生活をほんの少しでもよいものにできるかもしれない。陳腐なようだが、僕は世界をよりよい場所にする手助けをしていると自負していた。

JZ　YouTubeで「視聴時間」を
　　　最大化した

　2009年当時の僕にとってYouTubeといえば、愉快なネコ動画やスケートボードを乗りこなすイヌの動画を見るサイトでしかなかった。

　正直言うと、デザイナーとしてYouTubeのチームに加わらないかと誘われたとき、あまり関心が持てなかった。YouTubeが人気なのは知っていたが、奇抜なウェブサイト以上のものになるとは思えなかった。

　だがYouTubeのことを知れば知るほど、興味が湧いてきた。同社の幹部は「あらゆるトピックを扱う数万、数百万のチャンネルを持つ新種のテレビをつくる」というビジョンを持っていた。

　YouTubeに行けば、いまテレビで放映されている番組を仕方なく見る代わりに、自分の興味にぴったり合ったチャンネルをいつでも視聴できる。また、誰でも簡単に動画を投稿できるから、映画監督やミュージシャンなどのアーティストの卵が作品を広める場にもなる。YouTubeでは誰でも「発掘される」チャンスがあるのだ。

　僕はこのチャンスに乗り、仕事を引き受けることにした。2010年1月、妻と一緒にサンフランシスコに引っ越し、YouTubeのチームに加わった。

▶ 「チャンネル」で興味をつかんで離さなくする

　仕事を始めてから、YouTubeの新しいビジョンによって、チームの業績評価方法がどう変わったかを知った。

イヌのスケボー動画の時代は、ただユーザーの注意を引きつけることがすべてだった。「ユーザーは動画を何本視聴したか？」「ユーザーはサイドバーの関連動画を、どれくらいの頻度でクリックしたか？」

だがチャンネルに重点が移ったことで、「視聴時間」が重視されるようになった。「ユーザーは YouTube にどれくらい時間を費やしているか？」「同じチャンネルの次の動画を見続けているか？」

これはまったく新しい発想だった。

また、このリデザインが YouTube にとってどれだけ重要な意味を持っているかを、やはり働き始めてから思い知った。CEO は、YouTube をチャンネル中心に再編している僕らのチームに、「作戦司令室」として CEO 室を使用することを許してくれたのだ。CEO の部屋をだ！　彼はチームのためになるなら自分の部屋さえ提供しようとするほど、このプロジェクトに入れ込んでいた。

▶ 視聴時間が「６０％」増加した

努力は実を結んだ。YouTube が 2011 年末に大幅な刷新を発表すると、ユーザーのチャンネル登録数は急増し、視聴時間は大幅に増えた。2012 年初めにメディアが成果を報じ始めた。

イギリスのデイリーメール紙は、1 年前に比べてユーザーの視聴時間が 60％ 増加したというデータを根拠に、「YouTube は本格的なウェブテレビサービスに生まれ変わろうとしている」と結論づけた。同紙の分析に僕らは胸を躍らせた。「この方向転換は、YouTube が最近の刷新により、テ

レビに似た『チャンネル』と長めの番組という、新しい柱を加えたことの成果である」

僕らは大喜びした。**YouTubeのリデザインは、ビジョン・戦略・実行が思いどおりに運んだ、まれなプロジェクトだった**。そしてジェイクと同様、僕らも仕事を愛していた。人々の生活に刻一刻と小さな喜びをもたらしていると自負していた。

なぜ「無限の泉」はこんなに 抗しがたいのか？

これが僕らの物語だ。何か気づいたことはあるだろうか？

もちろん、これは典型的なシリコンバレーの成功物語だ——理想に燃えるオタクたちが、クールなテクノロジーで世界を変えようと奮闘する。だが物語を深く掘り下げると、無限の泉に抗しがたい魅力を授けている秘密の成分が見えてくる。

1つめは「テクノロジーへの情熱」だ。

ただの見せかけじゃない。僕らは当時もいまも情熱に燃えている。そしてテクノロジー業界で働く数百万人が同じ情熱をもっていると考えれば、なぜこの業界がますます高速で高度なガジェットを次から次へと開発できるのかがわかるだろう。

プロダクト開発者は仕事を愛し、**次の未来的な製品・サービスを一刻も早く世に出したい**という思いに突き動かされている。自分たちの開発するテクノロジーが世界をよりよくしていると、本心から信じている。

そして当然ながら、情熱をもって仕事に取り組む人はすばらしい仕事をする。

というわけで、**メールやネット動画などの無限の泉がたまらなく魅力的なのは、それが「愛」でできているからだ。**

　また、「高度な効果測定手法」と「不断の改善努力」も重要な役割を果たしている。

　グーグルはユーザーが求めるものを知るために、直感に頼る必要がない。実験で得た定量的なデータから答えを知ることができる。

　ユーザーはこういう動画とああいう動画のどっちを長く視聴しているか？　毎日 Gmail を継続して使っているか？

　もし数値が上昇していれば、改善策が有効で顧客に受け入れられているとわかるし、そうでなければ別の対策を試してみる。

　ソフトウェアのデザインや機能のリニューアルは簡単とはいわないが、新型車の製造などに比べればずっと短期間でできる。

　そんなわけで、**2つめの秘密成分は「進化」だ**。テクノロジー製品は年々劇的な改善を遂げている。

テレビ、ネット、ゲームが爆発的に進化している

　僕らはその後、会社を辞めたが、傍観者としてつぶさにこの業界の動向を見守ってきた。**競争はますます激化している。**

　Gmail の初期の競争相手はホットメールやヤフーなどのウェブメールだったが、その後 SNS を介したメッセージのやりとりが増えると、ユーザーの「注意」をめぐってフェイスブックと競い合うようになった。iPhone やアンドロイドスマホが普及すると、スマホのアプリが競争相手に加わった。

　YouTube にさらに熾烈な競争にさらされている。ほかの動画

サイトだけでなく、**音楽や映画、ゲーム、ツイッター、フェイスブック、インスタグラムなどとも競って顧客の注意を引こうとしている。**

もちろん、テレビも競争相手だ。平均的なアメリカ人はいまもテレビを1日4.3時間視聴している。[*2]テレビ番組は消え去るどころか、イッキ見してもらえる最高の番組をつくろうと制作会社がしのぎを削るおかげで、ますますおもしろくなっているのだ。

GmailとYouTubeはこの競争に「勝ち」はしなかったが、**挑戦にさらされたことでますます進化し成長した。**

Gmailのユーザー数は2016年に10億人を突破した。YouTubeのユーザー数は2017年に15億人に達し、ユーザーによる1日あたりの平均視聴時間は1時間を超えていると発表された。[*3]

人に「本能」がある限り、無限の泉には勝てない

ユーザーの「注意」をめぐる競争は、その後も激化する一方だ。2016年にフェイスブックは、16億5000万人のユーザーが同社のサービス全体を**1日あたり平均50分利用している**と発表した。比較的最近のサービスであるスナップチャットも同年、1億人を超えるユーザーの平均利用時間が毎日25〜30分だと発表した。

*2── 他国の読者諸君、僕らアメリカ人をからかう前に次を読んでほしい。イギリス通信業界の独立規制機関オフコムが2015年に行った調査によると、各国の1日あたりのテレビ平均視聴時間は、イギリスが3.6時間、韓国が3.2時間、スウェーデンが2.5時間、ブラジルが3.7時間で、世界15か国の平均は3時間41分だった。つまりアメリカは第……1位ではあるが、君たちだってそう変わらない。

*3── オモシロ知識:つまりYouTubeでの全人類による1日あたりの合計動画視聴時間は、15億時間ということになる。これだけの動画を連続して視聴すると、17万3000年以上かかる計算だ。これはホモ・サピエンスの誕生から現在までの時間に、ほぼ相当する。

LASER　113

そのほかにも数え切れないほどのアプリやウェブサイトがある。2017年の調査によれば、アメリカ人のスマホの1日平均利用時間は4時間を超えていた[*4]。

この「競争」こそが、現代のテクノロジーをこれほど抗しがたいものにしている、第3の秘密成分だ。どこかのサービスが魅力的な新機能や機能改善を提供するたび、競争者のハードルは上がっていく。

ユーザーはアプリやサイトに飽きたら、2回ほどタップするだけで無数の選択肢を利用できる。どんなものもつねに競争にさらされている。この適者生存の世界を勝ち抜くのは、磨き抜かれた極上のサービスだ。

無限の泉に依存性がある4つめの理由は？

こうしたテクノロジーは、マイクロチップなき世界で進化した、太古の昔からの人間の脳の配線を巧みに利用しているのだ。

人間が注意をあちこち向けるように進化したのは、危険から身を守るためだ（周辺視野にちらりと見えたものを確かめなくては——忍び寄るトラか？　それとも倒れそうな木だろうか？）。

人間が謎や物語を好むように進化したのは、学習や意思疎通の助けになったからだ。

ゴシップを好み、社会的地位を求めるように進化したのは、敵から身を守れる結束の固い集団を形成するのに役立ったからだ。偶然見つけた木の実であれスマホの通知であれ、予測できない見返りを喜ぶように進化したのは、手ぶらで帰る日が続いても、い

[*4]── モバイル調査会社フラーリーの2017年の調査では、スマホの1日平均利用時間は5時間を超えていた。調査結果に幅があるため、ここではハッカー向けオンラインメディアのハッカー・ヌーンが、ニールセン、コムスコア、ピュー・リサーチセンターなどの調査を分析した結果をもとに、「4時間超」とした。

つか見返りが得られることを期待して狩猟採集を続けられるようにだ。

つまり、**人間の「野生の脳」が、4つめの秘密成分**だ。

メールやゲーム、フェイスブック、ツイッター、インスタグラム、スナップチャットにハマるのは当然だ。なぜってその魅力はDNAに刻み込まれているのだから。

今日ガマンできないなら、明日はもっとガマンできない

そんなわけで、どんな人もテクノロジーが大好きだ。だがこれは、とても深刻な問題でもある。

平均的な人が1日にスマホを見てすごす4時間強と、テレビを見てすごす4時間強を足し合わせると、注意散漫はフルタイムの仕事にも相当してしまう。

そこで5つめの（わかりきった）秘密成分をあえて指摘しよう。**テクノロジー企業は製品・サービスをユーザーに使わせることで利益を上げている**。だからサービスを少しだけ、さりげなく提供する代わりに、消火ホースから一気に飲ませようとする。また、あなたが今日無限の泉をガマンするのが難しいなら、明日はもっと難しくなる。

念のために言っておくと、**陰で糸を引く「悪の帝国」なんて存在しない**。これは冷徹で計算高いテック企業が、狂気じみた笑い声を上げながら哀れな顧客をあやつる、「われわれ対彼ら」の戦いなんかじゃない。それはあまりに安直な考えだし、だいいち僕らが経験したこととも違う。

僕ら自身そうだったように、テック業界で働くのは、人々の生活をよりよくすることを願う、善意のオタクたちだ。ほとんどの

場合、オタクたちはそれだけを考えて働いている。

現代のテクノロジーは実際にすばらしく、たしかに喜びを与え、本当に生活を便利に楽しくしている。スマホを頼りに見知らぬ町を旅したり、友人とビデオ通話をしたり、ほんの数秒で1冊の本をダウンロードしたりすると、スーパーパワーを手に入れたような気分になる。

そうは言っても、デフォルトのままでは、現代のテクノロジーのいいとこどりはできず、いつもよい面と悪い面の両方にさらされることになる。**どのスクリーンにも「未来的なスーパーパワー」と、依存性のある「気を散らすもの」が併存している。**技術が高度化するほど、スーパーパワーも強化され、時間と注意をますます奪っていくようになる。

僕らはいまもオタクたちを信じている。彼らはいつかきっと、それほど気を散らさずにスーパーパワーを提供する、斬新な方法を開発してくれるだろう。

だが、アップルやグーグルがiPhoneやアンドロイドをどう改良しようとも、**注意をめぐる競争が終わることはない。**企業や政府当局が僕らに"集中"を返してくれるまで待ってはいられない。主導権を取り戻すには、テクノロジーとの付き合い方を自分で変えるしかない。

「バリア」を取り戻す

僕らのようなプロダクトデザイナーは、製品をできるだけ使いやすくするために、バリアを取り除くことに過去数十年を費やしてきた。

だがレーザーモードに入ってハイライトに集中するには、バリ

アを取り戻すことがカギになる。

これからの数ページで、自分だけの気が散らないスマホをつくる（戦術17）などして、レーザーモードに入り、集中を維持する戦術を紹介しよう。

どの戦術も、根底にある考え方は同じだ。

気を散らさないようにするには、すぐに反応できないようにするのがいちばんということ。

フェイスブックをチェックしたり、ニュースを追ったり、テレビをつけたりする妨げになる、「スピードバンプ」（減速帯）のようなステップを加えることで、こうした製品・サービスの粘着性を高めているサイクルを断ち切ることができる。

ほんの数日で新しいデフォルトができあがる。注意散漫の状態から集中した状態へ、ただ反応するだけの状態から意識的な状態へ、混乱した状態から自分をコントロールできる状態へシフトできる。

要は、**ちょっとだけ不便にする**のだ。

気を散らすものに簡単にアクセスできなければ、意志力の心配をしなくてすむ。時間を無駄にする代わりに、時間をつくることにエネルギーを向けられる。

「決意の切り替え」を減らす

注意散漫と集中のあいだを揺れ動くのをやめ、レーザーモードにどっぷりひたれば、「いちばん大事なことのための時間」を、それも「質の高い時間」をつくることができる。

何かに気を取られるたび、集中の深さが犠牲になる。たとえば絵を描いていたのを中断して、メッセージを返信し、また絵に戻

るといったように、注意の対象が変わると、そのつど切り替えコストがかかる。

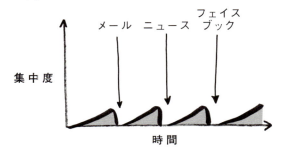

　脳はそのたびに別のルールや情報をワーキングメモリにロードしなくてはならない。この「起動」プロセスには**最低でも数分、複雑なタスクだとさらに長くかかる**ことがある。

　たとえば、僕らは最高の仕事ができる状態になるまで2時間ぶっ続けで執筆することもあるし、ゾーンに入るまでに何日もかかることもある。

　これは複利計算に似ている。ハイライトに集中し続ける時間が長ければ長いほど、ますます没頭し、仕事（や遊び）でますますよい成果を挙げられる。

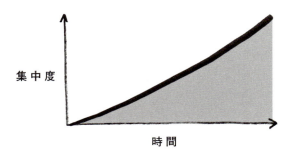

レーザーモードは 「人のため」になる

レーザーモードのよい影響がおよぶのは、あなたとあなたのハイライトだけじゃない。

そもそもなぜみんな気を散らすものにとりつかれているのか？ **それは、みんながやっているから**だ。

ドラマの最新エピソードを視聴し、トランプ大統領の最新のツイートを読み、最新の iPhone のクールな機能を調べなかったら、どうしてみんなとの雑談に加われるだろう？　みんながやっているから、遅れを取りたくない。

だがこれをちょっと違う角度から考えてみてほしい。いい意味で目立つチャンスにするのだ。

あなたが優先順位を変えたら、みんながそれに注目するだろう。あなたは自分の行動を通して、何を大事に思っているかを周りに知らせることができる。

友人や同僚、家族は、あなたが意識的に時間を使う様子を見て、自分の「常時オン」のデフォルトに疑問を持ち、無限の泉から距離を置いてもかまわないのだと気づくだろう。

あなたは自分やハイライトのためだけに時間をつくっているのではない。周囲にもよいお手本を示しているのだ。

これから紹介するのは、僕らの「レーザー戦術」だ。スマホやアプリ、受信箱をコントロールするための戦術と、**レーザーモードに入り、集中を維持してハイライトを味わうための戦術**だ。

LASER 119

レーザー戦術

スマホの「主」
になれ

戦術17 ▼ 「気が散らない iPhone」を試す

戦術18 ▼ 「ログアウト」する

戦術19 ▼ 「通知」をオフにする

戦術20 ▼ ホーム画面を「からっぽ」にする

戦術21 ▼ 「腕時計」をはめる

戦術22 ▼ デバイスを置いて帰る

戦術 17 「気が散らない iPhone」を試す

> それでも、もうあれにわずらわされずにすむのなら
> ホッとするよ。
> あれがまるで1つの目のように
> 私をじっと見ているような気がすることもあった。
> あれがポケットに入っていないと、気が気じゃなかった。
> ——ビルボ・バギンズ（『指輪物語』）——

僕らが時間と注意を取り戻すために実行した戦術のなかで、おそらくいちばん単純でいちばん強力なものは、**スマホからメールなどの無限の泉アプリを削除する**ことだろう。

僕らは2人とも2012年から「気が散らないiPhone」を使っているが、アプリのない日々をただ耐えしのぐのではなく、すばらしい時間をすごしている。**よい仕事をし、毎日を満喫している。**

Jake

僕のスマホは、まるで『指輪物語』の指輪がビルボ・バギンズを呼ぶように、ポケットのなかからいつも僕を呼んでいた。

ほんの少しでも退屈を感じたその瞬間、まるで魔法のように手のひらにスマホが現れたものだ。でも**いまは無限の泉アプリがないおかげで、そわそわしなくなった。**

前なら反射的にスマホに手を伸ばしていたような暇なとき

も、いまはただひと休みするほかない――でもそんな時間はちっとも退屈じゃないことがわかった。

JZ

　気が散らないiPhoneのおかげで、1日中穏やかな気持ちでいられる。注意をあちこちに向けなくなると、レーザーモードに入りやすいし、気持ちのよい時間をすごせる。

「やる必要がない人」も試すべき

　こんなやり方をしていることを知られると、おかしなやつだと思われることも多い。なぜ僕らはただスマホをガラケーに変えてお金を節約しないのか？

　つまり、こういうことだ。**無限の泉を全部取り除いても、スマホはやっぱり魔法のデバイスなのだ**。

　マップからカーナビ、ミュージック、ポッドキャスト、カレンダー、カメラまで、時間を奪わずに生活の質を高めてくれるアプリはたくさんある。

　それに白状すると、僕らはスマホに惚れ込んでいる。僕らは時間オタクというだけじゃない、ガジェットオタクでもあるのだ。

　JZは2007年に初代iPhoneを買うために行列したし、ジェイクはその10年後にiPhone Xを発表当日に予約するために真夜中まで起きていた。僕らはスマホを愛している――たんに**全部の機能をいつもは使いたくない**というだけだ。

気が散らない iPhone を使うと、現代のテクノロジーを満喫しつつ、いまより（少しだけ）単純だった時代、**ときたまプラグを引き抜いて集中を保つことができた時代に、時計の針を戻すことができる。**

もちろん、気が散らない iPhone は万人向けじゃない。SNS もブラウザもメールもないスマホなんてどうかしていると思う人もいるだろうし、僕らより自制心が強い人がいることも認める。

ポケットからスマホを取り出したいという強烈な衝動に悩まされない人や、メールやニュースフィードに振り回されず、しっかりコントロールできている人もいるだろう。

とはいえ、**どんな人も指先1つで情報をたえず更新することに、多少の認知コストを払ってはいる**はずだ。

僕らほどあからさまな注意散漫の問題を抱えていない人も、スマホのデフォルトを変更すれば、さらに集中しやすくなる可能性が高い。

だから、すでにスマホをコントロールできているという人も、**短い実験のつもりで、気が散らない iPhone を試してほしい。**使い続けなくても、デフォルトを見直す機会にはなる。

「気が散らない iPhone」の つくり方

これから、iPhone を「気が散らない iPhone」に変えるやり方を簡単に説明しよう。

1 「ソーシャル系アプリ」を削除する

最初にフェイスブック、インスタグラム、ツイッターなど（この本が書かれたあとで発明されたものも含む）を削除する。大丈夫、

あとで気が変わったらごく簡単に再インストールできる。

2　「その他の無限の泉アプリ」を削除する

　ゲーム、ニュースアプリ、YouTubeのようなストリーミング動画アプリなど、おもしろいコンテンツを無限に供給してくるアプリを全部削除する。あなたがとりつかれたように更新してしまうアプリや、知らないうちに時間を無駄にしているアプリはすべて削除する。

3　「メールアカウント」を削除する

　メールは魅力的な無限の泉であり、多忙中毒の脈動する心臓部でもある。それに外出中スマホできちんとした返事を書くのは大変だから（時間的制約があるし、タッチスクリーンで文字を入力するのはわずらわしい）、気苦労の種になることも多い。

　遅れを取らないようにスマホでメールをチェックしているのに、遅れを取っていることを確認するだけで終わっている。

　スマホからメール機能を取り除けば、かなりのストレスも一緒に取り除ける。

　メールアカウントはたいていデバイスに深く組み込まれているから、メール機能を無効にするだけでなく、スマホの設定からメールアカウントも削除してしまおう。

　脅すような警告が表示されるかもしれない（「**本当にメールアカウントを削除していいですか？**」）が、ひるんではいけない。気が変わったときのために、必要なアカウント情報を記録しておけば大丈夫。[5]

---

*5―― 訳注：大事なメールや連絡先等がなくなると困る方は、それらの保存もおすすめします。

レーザー戦術：スマホの「主」になれ　125

4 「ウェブブラウザ」を無効にする

最後に、気を散らすものの万能選手こと、ウェブブラウザを無効にする。このためには、たぶん設定に分け入って機能をオフ（機能制限）にする必要があるだろう。

5 「それ以外のすべて」を残す

前にも言ったが、無限の泉以外のアプリには、いいものがたくさんある。僕らを注意散漫の渦に引き込まずに、生活をまちがいなく便利にしてくれるアプリだ。

たとえばマップのアプリには無限のコンテンツが含まれているが、適当に選んだ都市の地図をいますぐ眺めたいという衝動に駆られる人はそんなにいない。

スポティファイやアップルミュージックなどの音楽ストリーミングアプリも、比較的害は少ない。楽曲やポッドキャストは無限にあるが、突然、ビートルズの曲を全部聴き倒したいという強迫観念に襲われることはそうないだろう。ウーバーやカレンダー、天気、旅行などのアプリも同じだ。

要は、ツールアプリと、使いたくてうずうずしないアプリは残しておく。

24時間、トライしてみる

「気が散らない iPhone」は実験として試すこともできる。一生使い続けることを誓う必要はない。24時間、1週間、1か月でいいからやってみよう。

メールやブラウザがどうしても必要になるときもあるだろう。

そういう状況になったら、用事に必要なアプリを一時的に有効にすればいい。**肝心なのは、スマホに使われるのではなく、主体的に使うこと**。そして用事が終わったら、その機能を「オフ」に戻そう。

気が散らない iPhone を、あなたもきっと気に入ると思う。始めたばかりの読者もこう言っている。

「機能を減らしたスマホを 1 週間使っているが、最高の気分だ。**もっと不便かと思っていたが、そうでもなかった**」

別の読者は、気が散らない iPhone の使用前・使用後のスマホ利用時間をアプリで追跡して驚いたそうだ。

「メールとサファリを無効にしてから、スマホに向かう時間が 1 日 2 時間半かそれ以上減った」

これはかなりすごいことだ。**簡単な変更のおかげで毎日 1、2 時間も取り戻せる**なんて！

気が散らない iPhone の何よりも大きな見返りは、主体性を取り戻せることだ。デフォルトをコントロールしてしまえば、スマホはあなたのしもべになる。本来そうあるべきなのだ。

戦術
18 「ログアウト」する

　パスワードをいちいち入力するのは面倒だから、ウェブサイトやアプリは入力を頻繁に求めてこない。ログイン状態を保持して注意散漫への扉を開けっ放しにするよう勧めてくる。

　ならば、デフォルトを変更すればいい。メールやツイッター、フェイスブックなどを使い終えたら、毎回ログアウトしよう。

　パスワードの必要なサイトならどんなサイトでも、ログアウトはできる。わかりづらいかもしれないが、ログアウトの選択肢は必ずある。今度「このパスワードを保存しますか？」と表示されたら、「いいえ」をクリックしよう。

JZ

　僕の気が散りやすい脳には、ログアウトは大したスピードバンプにならなかった。だからこの戦術をパワーアップして、入力しにくく絶対に記憶できない、とんでもないパスワードを使っている。

　個人的には「e$yQK@iYu」みたいなものが好きだが、これは僕の好みだ。押しつけようというわけではない。パスワードは管理アプリに保管しているので、必要な際はすぐにサインインできる。でも、ふだんはこうして面倒にしている。

　忘れないでほしい、摩擦や負荷を加えることが、無限の泉に陥らずにレーザーモードを保つためのカギなのだ。

戦術

19 〉「通知」をオフにする

あいつはあんまり好きじゃない。
ぎゃあぎゃあぎゃあとわめくだけ。
こいつはネズミのようにおとなしい。
家のなかで飼いたいな。
―― ドクター・スース（絵本作家）――

アプリメーカーは、こと「通知」に関してはとても押しつけがましい。

でも仕方がない、どのアプリもそうなのだ。何もかもがあなたの注意を引こうと叫んでいるなかで、押しつけがましくなかったら、いったい誰が存在を思い出してくれるだろう？　みんな必要なときしか使わなくなってしまう。なんて残念なんだ！[6]

通知は味方なんかじゃない。あいつらはノンストップの注意泥棒だ。「気が散らないiPhone」を試さない人も、**最低限、ほとんどすべての通知をオフにしてほしい**。

やり方は次のとおり。

通知から（ほぼ）解放される手順

1. スマホの設定を開き、通知機能を利用できるアプリの一覧を探し、**一つひとつ「オフ」にする**。

*6―― 念のために言っておくと、これは皮肉だ。

レーザー戦術：スマホの「主」になれ　129

2．カレンダーのリマインド機能やショートメッセージ〔SMS〕の着信など、**本当に重要で役に立つと思えるものだけを残す**。

3．メールとチャットアプリ〔LINEなど〕の着信通知は必ずオフにする。こういった通知は重要な気がするから、よけいたちが悪い。**実際には、ほとんどの場合、通知がなくても困らない**。シンプルなショートメッセージなど、急な用件の連絡方法を1つだけ残しておけばいい。

4．新たに入れたアプリが「通知を許可しますか？」と聞いてきたら、**必ず「いいえ」を選ぶ**。

5．48時間か1週間試して様子を見る。

　通知をオフにすることで、スマホに行儀を教え、「ノンストップのうざったいやかまし屋」を、「重要な知らせを携えた礼儀正しい使者」に変えることができる。実生活でほしいタイプの友人だ。

戦術20 ホーム画面を「からっぽ」にする

　スマホはスピードが命だ。顔や指紋で認証するだけで、たちまちロックが解除される。ほとんどの人はよく使うアプリをホーム画面に並べ、すぐにアクセスできるようにしている。

　認証、タップ、アプリ！　この一連のスムーズな動作は、急いでいるときにスマホに道案内をさせるにはもってこいだが、レーザーモードに入ろうとするときは、注意散漫まっしぐらになる。

　ペースを落とすために、ホーム画面をからっぽにしよう。アイコンを全部隣の画面へ（そこからまたその隣へ、またその隣へ……）移してしまおう。

　最初に現れる画面には何も残さず、**美しい壁紙だけが目に入るようにする。**

　ホーム画面を空（から）にすると、スマホを使うたび、ほんの一瞬だが静寂の時間が訪れる。**意図的な不便、しばしの小休止**。邪魔を一歩遠くに追いやるスピードバンプだ。

　ついいつものクセでスマホのロックを解除してしまっても、からっぽのホーム画面を見れば、**「自分はいまこの瞬間、本当に気を散らされたいのか？」**と自問する瞬間ができる。

レーザー戦術：スマホの「主」になれ　131

Jake

　僕はこれをもう一歩進めて、1画面に1列しかアプリを置かないようにしている。たぶん片づけオタクだからだ。シンプルな画面は穏やかな気持ちと、自分で環境をコントロールしているという意識を保つのに役立っている。

戦術
21 〉 「腕時計」をはめる

　イギリス政府は 1714 年に、船上で使える高精度の携帯可能な時計を発明した者に 2 万ポンド（2018 年のお金でいえば約 500 万ドル）の賞金を与えると発表した。50 年近い歳月のあいだにいくつもの試作品がつくられ、とうとう 1761 年に時計職人のジョン・ハリソンが、高精度の海洋時計を完成させた。

　この時計はかろうじて携帯可能というものだったが——英国海軍船艦デプトフォード号の大西洋横断航海で初めて使われたとき、船内の専用戸棚に設置されなくてはならなかった——それでも世界を変えた驚異的な技術だった。[*7]

　いまなら 10 ドルで携帯型の時計を買える。デジタルクォーツの腕時計はいつも正確な時を刻み、軽くて防水機能がついていて、仮眠からも起こしてくれる、すばらしい技術製品だ。

　でも僕らが腕時計をするのは、そんな理由からじゃない。腕時計があれば、時間を知りたいとき、いちいちスマホをチェックしなくてすむからだ。

　僕らのような人は、**スマホで時間を確認するだけのつもりが、いつのまにか無限の泉に引きずり込まれる**ことが多い。とくに画面に通知が表示されていようものなら大問題だ。

　でも腕時計をはめていれば、スマホを視界に入らない場所に置いておける。去る者日々に疎しだ。

---

*7—— この時計が発明されるまでは、長期航海中に正確な時刻（とそこから割り出す経度）を知る方法はなかった。この時計のおかげで、デプトフォード号の航海士は経度を 1 マイル以下の誤差で測定することができ、歴史的な大西洋横断は大成功に終わった。

レーザー戦術：スマホの「主」になれ　133

JZ

　2010年に僕はスポーツ用品店のセールで、セーリング用にシンプルなタイメックスの腕時計を買った。これは一度身につけると、もう手離せなくなった。この17ドルの腕時計はとても役に立つし、**ある意味スマホより優れている**。

　画面は一度も割れたことがなく、バッテリーは永遠に思えるほど長持ちする。

戦術

22 〉 デバイスを置いて帰る

　僕らの友人のクリス・パルミエリは1週間に2日、ラップトップとスマホを職場に置きっ放しにして、**デバイスをいっさい持たずに帰宅する。**

　クリスは東京で忙しいコンサルティング会社を経営する身だが、その2晩はメールをチェックできず、ショートメッセージさえ送れない。翌日職場に行くまで、外界から遮断される。

　不便かって？

　そりゃそうだ。でも**集中力が高まり、睡眠まで改善される**ことを考えれば、一時的な隔絶などなんでもない、とクリスは言う。

　デバイスなしの夜は早めに（いつもの夜1時ではなく23時半に）ベッドに入って熟睡し、夜中に起きることはほとんどない。目覚めたとき夢を覚えていることもあるという——これはたぶんいいことなんだろう。

　デバイスを置いていく戦術は、子どもの読み聞かせや、進めているプロジェクトで手作業をしたいときなど、**「オフライン」のハイライトの時間をつくるのにも役立つ。**

　職場にスマホを置きっ放しにするのが怖いなら（また緊急時の連絡など、正当な必要性があるなら）、デバイス離れの基本方針はそのままに、もう少し穏当なやり方もできる。

　帰宅したらスマホを手元に置かずに、**引き出しのなかに入れるか、すぐには手の届かない棚の上に置いてしまう**のだ。カバンに入れてクローゼットにしまってしまえばなおいい。

レーザー戦術：スマホの「主」になれ　135

JZ

　僕は出かけるとき、スマホはポケットに入れず、いつもカバンに入れて持っていく。帰宅したら、そのままカバンを棚に置いてしまう。スマホのことを何時間も忘れていることもある。こうすることで、スマホがなくても人生は回るんだと、さりげなく自分に言い聞かせている。

レーザー戦術

「無限の泉」を
遠ざける

戦術23 ▼ 「朝の巡回」をやめる

戦術24 ▼ 「散漫クリプトナイト」を遮断する

戦術25 ▼ 「事件」を放っておく

戦術26 ▼ 「おもちゃ」を片づける

戦術27 ▼ 「Wi‐Fiなし」で飛ぶ

戦術28 ▼ 「タイマースイッチ」でぶった切る

戦術29 ▼ ネットを「解約」する

戦術30 ▼ 「時間クレーター」に気をつけろ

戦術31 ▼ 「見せかけの達成感」に騙されない

戦術32 ▼ 邪魔ものを「ツール」に変える

戦術33 ▼ 「いいときだけ」のファンになる

戦術 23 「朝の巡回」をやめる

　朝目が覚めたときは、睡眠が5時間だろうと10時間だろうと、多忙中毒と無限の泉からしばらく離れている。すばらしい瞬間だ。1日は始まったばかりで、脳は休まり、気が散る理由は何もない。気がかりな仕事のメールもまだ見ていない。

　その瞬間を味わおう。メールやツイッター、フェイスブック、ニュースにすぐ手を伸ばすのはやめよう。

　朝イチであちこち巡回して最新の更新情報を得たくなる気持ちはわかる。たしかに、ひと晩経てば世界はどこかしらは変わっている。でも画面を立ち上げたが最後、いまこの瞬間と、ネット上の全コンテンツとのあいだで、注意をめぐる争いが勃発する。

　そんなのはあとまわしにしよう。朝の巡回を9時、10時、昼食後など、先に延ばせば延ばすほど、安らかで穏やかな気持ちを長く保て、レーザーモードに入りやすくなる。

　朝の巡回を避けるのは、僕の朝の日課（戦術14）の重要な柱だ。僕にとって朝はハイライトにうってつけの時間で、しかもパソコンで作業をすることが多い。だから毎晩、ツイッターとフェイスブックからはログアウトする（戦術18）。おかげで、起きてコーヒーを淹れたら、朝の巡回で気を散らされずに、すぐにハイライトを始められるというわけ。

戦術 24 「散漫クリプトナイト」を遮断する

ほとんどの人はどうしてもやらずにいられない、**とびきり強力な無限の泉を1つは持っている**。これを「散漫クリプトナイト」と呼ぼう。

スーパーマンですら「クリプトナイト」という物質に近づくと弱体化してしまう。

ふつうの人にとっての「散漫クリプトナイト」は、**どんな防御もかいくぐって計画を邪魔してくる時間泥棒**だ。

あなたにとっての散漫クリプトナイトは、フェイスブックなどの一般的でわかりやすいものかもしれないし、JZみたいな変わり者なら、怪しげなヨットオタクの掲示板サイトかもしれない。

簡単な判別方法がある。

そのウェブサイトやアプリに数分（またはほんの数分のつもりが1時間）費やしたあとで**気がとがめたら、それはおそらくクリプトナイト**だ。

クリプトナイトを遮断する方法は、あなたの本気度と依存度によっていろいろある。

SNSやメールなど、パスワードを要求してくるクリプトナイトは、ログアウトする（戦術18）だけでペースダウンできる。クリプトナイトが特定のサイトの場合、レーザータイムのあいだはそのサイトをブロックするか、インターネット接続そのものを切断する（戦術28）。一歩進めて、スマホからアプリを削除したり、ブラウザの機能をオフにすることもできる（戦術17）。

レーザー戦術：「無限の泉」を遠ざける　139

この戦術で「段違い」に しあわせになる

　読者のフランシスが、彼のクリプトナイト「ハッカーニュース」（テック系スタートアップの情報サイト）を遮断したときのことを教えてくれた。

　初めて完全にサイト断ちしたときは、興味深い記事やコメント欄の知的なやりとりが読めないのを物足りなく思ったが、意外にも**心の健康が高まる**という見返りがあったそうだ。

「1日40回もサイトを覗いて、スタートアップの華々しい売却話と自分の境遇を比べて落ち込んだりしなくなった」

　読者のハリエットの体験談はもっと極端だ。ハリエットのクリプトナイトはフェイスブックで、それもただ気が散るだけでなく、危険な依存状態だった。

「全部のメッセージに返信しなくてはといつも焦り、スマホに釘づけだった。私の仕事スペースは人から丸見えなのに、仕事をしているふりをする気もなくなっていた」

　このままじゃいけない、とハリエットは気づいた。

　とりあえず1週間、フェイスブック断ちをすることに決め、すべてのデバイスからフェイスブックのアプリを削除した。

　もちろん簡単ではなかったが、1週間が終わるころには、もう戻りたくなくなっていた。

「戻ることを考えただけでゾッとしたから、もう1週間断つことにした。2週間が2か月になり、かれこれもう10か月になるわ」

　フェイスブックをやめることに支障がなかったわけじゃない。友人たちはフェイスブックで集まりを企画することが多く、例外を認めなかった。

140

「完全に輪から外れてしまった。自分で会を企画するときも、昔からの友人としか連絡がとれない。**といっても、それもここ数か月で何回かしかなかった**」

それでも彼女は戻らなかった。

「いろいろあったけど、いまのほうがずっとしあわせ。劇的に、**段違いにしあわせ**。どん底まで落ち込んだころは、脳をコントロールできなくなったかと思った。情報を見逃そうが、計画が多少面倒になろうが、自分の心を取り戻せた喜びを思えばなんでもない」

いったん抜け出せば、すがすがしい気持ちになれる

フェイスブックをやめたことで立ち消えになった友情と、強くなった友情があると、ハリエットは言う。彼女に本当に会いたいと思ってくれる友人や、彼女が本当に会いたい友人は、電話やメール、ショートメッセージなどで連絡をくれた。

「**べつに通信不能になったわけじゃない**」とハリエットは言う。「だから、無限の泉に当面戻るつもりはない」

ハリエットがフェイスブックで経験したことはたしかに極端だが、僕らはほかにも同じような話をたくさん聞いている。

散漫クリプトナイトから抜け出せば、すがすがしい気持ちになれる。喜びと安らぎ、自由を実感できる。輪から外れるのは怖いが、**いったん外れてしまえば、じつは気分のいいものだとわかる**。

レーザー戦術：「無限の泉」を遠ざける　141

戦術
25 〉 「事件」を放っておく

天気予報だけ見れば、知りたいニュースは全部わかる。
―― ポール・サイモン（歌手）――

そもそもニュース速報という考え自体が、「世界中で起こって
いることをいますぐ知るべき」という、強力な神話のうえに成り
立っている。賢明な人や責任ある人、大人はニュースを見るもの
と決まっている。

そうだろう？

僕らもあなたに伝えたい緊急ニュースがある――「**ニュースを
毎日見る必要はない**」。

本当の緊急ニュースならしぜんと耳に入るし、それ以外は緊急
でないニュースや、どうでもいいニュースだ。

具体的に説明しよう。

今日の新聞か、よく見るニュースサイトを開き、主要ニュース
の見出しを一つひとつ批判的に検討してみてほしい。この見出し
は自分が今日下す決定と関係があるか？　ここに並んだ見出しの
うち、**明日、来週、来月にまだ意味があるものは果たしていくつ
あるか？**

さらに、不安をかき立てるニュースはいくつあるだろう？

「血が流されればトップニュースになる」といわれるが、実際そ
うだ。**ニュースというのは、ほとんどが悪い知らせ**なのだ。

紛争、汚職、犯罪、災害のニュースにノンストップでさらされ

142

続けて、動じない人がいるだろうか？　いくぶんかは気が滅入り、集中がそがれるはずだ。1日に一度見るだけでも、頭に残って不安や怒りをかき立て、気が散るもとになる。

「週1戦術」でまとめて読む

　ニュースをいっさい見るなとは言わないが、週に一度まとめて読むことを勧めたい。
　これより頻度を下げると、文明社会に背を向けて洋上暮らしをしているような気分になるし、頻度を上げると頭がもやに包まれて、目先のことにしか頭が回らなくなる。もやのせいで、何が大事なのか、誰を優先すべきなのかがわかりにくくなる。
　JZは2015年からこの「週1戦術」を実行している。
　彼のお気に入りは、情報がぎっしりつまった60〜80ページほどの紙面に主要ニュースのダイジェストを集めた、週刊のニュース雑誌『エコノミスト』だ。週刊誌ならほかに『タイム』もあるし、日曜紙を購読してもいい。毎週時間を決めて、好きなニュースサイトに目を通すのもいい。
　何を選ぶにしてもポイントは、24時間年中無休のニュース速報のサイクルから抜け出すことだ。
　この習慣は断つのが難しいが、日々の生活のなかで本当に大事なことのための時間をつくる（そして感情エネルギーをセーブする）大きなチャンスだ。

JZ

僕は以前、毎日ニュースを見ないと罪悪感を覚えていた。

レーザー戦術:「無限の泉」を遠ざける　143

でもよく考えてみると、僕が情報を把握したい分野は３つだった。まず１つめとしては、経済や政治、ビジネス、科学の主要な動向は押さえておきたい。２つめは、自己中心的かもしれないが、自分に直接影響がおよぶこと。たとえば医療政策の変更などは気になる。３つめは自然災害など。人助けができるチャンスがあれば知っておきたい。

そして、３つのどれについても毎日ニュースを追う必要はないことに気づいた。

『エコノミスト』を読み、ポッドキャストの週刊ニュースを妻と聞き、街のうわさに耳を傾けるだけで、十分すぎるほどの情報が得られる。何か行動を起こす必要があるときは、そのときに必要なことをリサーチして情報を手に入れればいい。

戦術

26 〉「おもちゃ」を片づける

本当の人生は家を片づけたあとに始まる。
—— 近藤麻理恵(片づけコンサルタント) ——

想像してほしい。

ハイライトに取り組む時間がやってきた。あなたのハイライトはずっと書きたかった短編小説かもしれないし、仕事で仕上げなくてはならない企画書かもしれない。あなたはラップトップをつかみ、画面を開いてパスワードを入力すると……

「私を見て！　私を見て！　私を見て！」と、どのブラウザのタブも叫んでくる。メールソフトは起動時に自動でメールを受信し、新着メッセージが10通ほど表示される。フェイスブック、ツイッター、CNNでは気になる話題が流れ、あちこちに通知がポップアップする。まだハイライトにはとりかかれない。まずはタブをクリックして、最新情報をチェックしないと……。

次はこれを想像してほしい。

あなたがラップトップの前に座り、画面を開くと……

デスクトップにはメッセージもブラウザのタブも何もなく、**美しい画像があるだけ**。GmailやSNSは昨日使い終わってからサインアウトした。静けさが快い。

これならやりたいことに全力で取り組める！

レーザー戦術：「無限の泉」を遠ざける　145

/「気を散らすもの」を 見えなくしてしまう

　やると決めたことを実行するより、目に入るものに反応するほうが簡単だ。メールのチェックやメッセージの返信、ニュースの閲覧などのタスクは、**目の前に映し出されると緊急で重要に思えてしまうが、実際はそんなことはない。**

　レーザーモードに早く入るために、この手の「おもちゃ」は片づけておこう。

　つまり、ツイッターやフェイスブックなど、翌日、自動的に見てしまいそうなものは、1日の終わりにログアウトしよう。

　お行儀のよい子のように、遊び終えたら片づけをしよう。

　もう一歩進めて、インターネットのブックマーク（ここにも無限の泉が隠れているはず）が見える場所にあるなら、ブラウザの設定を変えて、見えない場所に移そう。ごちゃごちゃしたホーム画面（最近見たサイトの履歴など）を地味なもの（時計など）に変えるのもいい。

　片づけにかかる2分間は、自分の時間を受動的ではなく、主体的に使う力を得るための小さな投資と考えよう。

戦術

27 > 「Wi-Fiなし」で飛ぶ

機上では文字どおり座席に縛りつけられるから、
書き物や読書、スケッチ、
考えごとがはかどる最高の環境になる。
—— オースティン・クレオン（作家）——

　僕らがフライトで好きなことの1つは、（空を飛んでいるという純粋な驚きのほかに）**集中を強制される**ことだ。

　フライト中はどこにも行けず、手もちぶさたで、ベルト着用サインが点灯しているあいだは座席に座っているしかない。

　この不思議なパラレルワールドは、読書や書きもの、編みもの、考えごとをしたり、たんに（いい意味で）退屈にすごせる絶好の機会だ。

　だが飛行機に乗るときも、**時間をつくるためにはデフォルトを2つばかり変更する必要がある。**

　1つめは、座席の前のスクリーンがオンになっていれば、席に着いたらオフにしよう。2つめとして、Wi-Fiが使える飛行機では、サービスを申し込まないこと。

　離陸前にこの2つの選択を下し、シートベルトを締めれば、高度1万メートルの上空でレーザーモードを満喫できる。[8]

---

*8—— この戦術の前提は、子連れ旅行ではないことだ。子どもが一緒なら……気を紛らすものが山ほどほしくなるかもしれない。

Jake

　僕はグーグルにいた10年間にたくさん出張をしたが、空を飛んでいるあいだはいっさい仕事をしないことにしていた。**飛行機の時間は自分の時間**と決め、執筆に充てた。10年間で飛行中に冒険小説をたくさん書くことができ、とても満足している。

　オフラインでいることで同僚に文句を言われたこともない。衛星に不具合が生じたか、おしゃべりな隣客につかまったとでも思ってくれたんだろう。もしかすると、彼らもフライト中にオフラインでいることの魔法を知っていたのかもしれない。

戦術 28 「タイマースイッチ」で ぶった切る

　ひと昔前は、インターネットを使うには電話回線でダイヤルアップ接続をする必要があった（信じられないだろう？）。ダウンロードの速度は遅いうえ、接続料金は時間制だった。じつにいらだたしかった。

　でもダイヤルアップには大きなメリットが1つあった。**時間を意識的に使わざるを得なくなる**のだ。接続するまでがひと苦労だから、つながったときにすることを前もってしっかり考える必要があった。やっとつながったら、お金を無駄にしないようにやるべきことにひたすら専念した。

ネットを強制的に「切断」する

　こんにちの常時接続の超高速インターネットはすばらしいが、**世界最大の無限の泉**でもある。ほんの数ミリ秒でインターネットの無限の可能性を利用できる状態で「レーザーモード」を保つなんて至難のわざだ。

　だが、インターネットにいつもつながっている必要はない。それはたんなるデフォルトだ。

　レーザーモードに入る時間になったら、ネットを切断しよう。いちばん簡単なのはラップトップのWi-Fiをオフにしたり、スマホを機内モードにしたりすることだ。だが、このやり方だと、すぐに元に戻してしまう人もいるだろう。そんな人は、ネットから「自分を閉め出してしまう」のが効果的だ。

レーザー戦術：「無限の泉」を遠ざける　149

Wi-Fiを根元から切断するのだ。簡単なタイマースイッチをインターネットルーターにつないで、**朝6時や夜の21時など、ハイライトのためにレーザーモードに入りたい時刻にセット**する。決まった時間に電源を落としてしまうというわけだ。

Jake

自制心よりタイマースイッチ

　僕が深夜にハイライトの時間をつくっている方法を97ページで説明した。僕はあの方法を使って『SPRINT最速仕事術』と冒険小説の大部分を執筆した。タイマースイッチがなかったら、絶対にやり遂げられなかった。

　僕は毎晩執筆のために**机に向かうたび、ネットに気を取られていた**。諸悪の根源はスポーツニュースとメールだった。執筆を始めるぞ……いや、シーホークスのニュースをちょっとだけ見よう。この段落を書き直すぞ……うわ、これは手がかかりそうだ……受信箱をちょっと覗いてと……おや、リンクトインの新しい通知か……これは保存しておこう……**クリック！**

　クリックするたび、意志力と執筆の時間が失われた。あっ

という間に2時間がすぎ、**夜中まで起きていながら何もできなかった自分にがっかりしながらベッドに入った。**

　そんなことを繰り返すうちに、やっと気がついた。夜に仕事を片づけたいなら、自制心を高めるか（無理だ）、ネットを遮断するしかないと。

　そこで10ドルのタイマースイッチを買い、21時半に電源が切れるようにセットして、ルーターにつないだ。

　なんてこったい。21時半に子どもたちが寝つき、家事が終わり、タイマーが作動すると……その瞬間、受信箱もシーホークスも消えた。ネットフリックスもツイッターも何もなくなった。ラップトップは無人島と化し、至福の時間になった。

戦術 29 ネットを「解約」する

　読者のクリッサに教わった、レーザーモードに入るための過激な戦術を紹介しよう。

　彼女の自宅はインターネット契約をしていない。そう、**家にネット環境がない**のだ。ワーオ。

　クリッサの成果を見れば、その効果は明らかだ。僕らに戦術を教えてくれてからの1年間で、彼女は気が散らない時間を利用して小説を書き、新種の薬瓶をデザインし、おもちゃのシリーズを考案した。集中して数々の成果を挙げているのだ。

99％の時間、オフでいられる

　インターネットを解約するのは、言うほど過激なことじゃない。テザリングの機能を使えば、スマホをモデム代わりにして、**いつでもPCをネットに接続できる**。

　でもそれだと速度が遅く、テザリングのサービス料もかかるし、だいいちとても面倒だ。クリッサもこう言っている。

「2つの機器の設定をいじらないと接続できない。このちょっとした抑止力のおかげで、99％の時間はオフにしていられる」

　興味はあるが、ネットを解約しようとまでは思わない？

　心を決める前に戦術を試したい人は、意志の強い友人に**あなたのWi-Fiのパスワードを変更してもらい、24時間教えないでほしい**と頼んでみよう。

戦術 30 ＞ 「時間クレーター」に気をつけろ

　ジェイクは子どものころ、家族でアリゾナ州の隕石クレーターまで車で旅行した。隕石クレーターは名前倒れじゃない。砂漠のまんなかにある、本物の隕石のクレーターだ。数万年前、直径45メートルほどの隕石が地表に衝突して、直径1.2キロメートルほどの穴をつくった。

　少年ジェイクは気泡の入ったクレーターの上に立ち、すさまじい衝撃の力を想像した。クレーターは隕石の30倍ほどの大きさなのだ！　たった1つの隕石がこんなに大きな穴を空けたなんて、信じられなかった。

小さなきっかけから、巨大な「時間のロス」が生まれる

　いやしかし……これはそこまで信じられないことじゃないのかもしれない。現に、日々の生活でも似たようなことが起こっている。ちょっとした注意散漫が、1日にとても大きな穴をつくっている。僕らはこの穴を「時間クレーター」と名づけた。それはこんなふうにしてできる。

- ▶ ジェイクがツイートを投稿する（所要時間90秒）
- ▶ その後の2時間で、ジェイクはツイートの反響を見るためにツイッターを4回覗き、そのたびタイムラインに目を走らせる。それから誰かが共有した記事を2回ほど読む（計26分）
- ▶ ジェイクのツイートが何度かリツイートされる。ゴキゲンな彼

レーザー戦術:「無限の泉」を遠ざける　153

は、頭のなかで次のツイートを考え始める（このアイデアに2分、あのアイデアに2分）

▶ ジェイクはもう1つツイートを投稿し、サイクルがまた最初から繰り返される

　小さなツイートが1日にたちまち30分のクレーターをつくってしまうのだ。

　しかも、それ以外に切り替えのための時間もかかる。ツイッターを離れてハイライトに戻るたび、背景情報を脳にロードし直さないとレーザーモードに入れない[*9]。つまり、**この時間クレーターの実際の長さは45分から1時間、またはそれ以上になる**。

　時間クレーターをつくるのは無限の泉だけじゃない。リカバリータイムもそうだ。15分で「さくっと」食べるブリトーのランチは、食後に「3時間の睡魔」を招くかもしれないし、テレビを見て夜ふかしすれば、「1時間の寝坊と、まる1日のエネルギー低下」という代償を払うことになるかもしれない。

　ほかには、**「待ち」の時間もあなどれない**。30分後にミーティングがあるからといってハイライトに着手せずにいれば、その時間がまるまる時間クレーターになる。

　あなたの時間クレーターは生活のどこにひそんでいるのか？ それを考えるかどうかは、あなた次第だ。すべての時間クレーターを避けることは無理でも、確実にかわせるものはある。そして、1つかわすたびに、そのぶんの時間をつくることができる。

---

*9── 僕らがとても参考にしている、カリフォルニア大学アーバイン校のグロリア・マーク教授の研究によると、一度作業を中断すると、再度集中して作業できるようになるまでに平均23分15秒かかるという。

戦術 31 　「見せかけの達成感」に騙されない

　ツイートを共有する、フェイスブックを更新する、インスタグラムに写真を載せるといった行動は時間クレーターの元凶だが、それらが危険な理由がもう1つある。「見せかけの達成感」を得られるのだ。

　ネット上のやりとりにコメントすると、何かをやり遂げたような気になり、「仕事をしたぞ！」と脳が知らせてくる。

　だがネット上のコメントは、100個のうち99個までが取るに足りないものだし、それなりの代償を伴う。つまり、ハイライトに費やしていたはずの時間と労力が奪われるのだ。見せかけの達成感は、本当にやりたいことに集中する妨げになる。

　時間クレーターと同様、見せかけの達成感にもいろいろある。

　スプレッドシートの更新が、難しいがやりがいのあるハイライトをあとまわしにする口実になるなら、それは見せかけの達成感をもたらしている。キッチンの片づけが、子どもとすごすはずの時間に食い込んでいるなら、それも見せかけの達成感だ。

　そしてメールの受信箱には、見せかけの達成感のもとが無限につまっている。

　メールをチェックすると、何も新しいことをしていないのに、何かを達成したような気分になる。「よし」と脳は言う。「状況を把握できたぞ！」

　レーザーモードの時間が来たら、自分に言い聞かせよう。ハイライトこそが「本物の充実感」を与えてくれるのだと。

レーザー戦術：「無限の泉」を遠ざける　155

戦術
32

邪魔ものを「ツール」に変える

　フェイスブック、ツイッター、メール、ニュースなどの無限の泉は集中の妨げになるが、だからといって無価値ということではない。

　使い始めたときは何かしら目的があったはずだが、そのうちに習慣として定着し、ただアプリをチェックするのがデフォルトになった。だが、どんな無限の泉アプリにも本来の用途や目的がある。肝心なのは「なんとなく」ではなく、目的をもって使うことだ。

　アプリの目的に目を向けると、使い方が変わる。

　何かのきっかけや刺激、中断を受けて反射的に手を伸ばすのではなく、お気に入りのアプリを「ツール」として主体的に使いこなすのだ。気を散らす無限の泉アプリでさえ、使い方次第だ。やり方を説明しよう。

「無限の泉」を
「役立つツール」に変える方法

1. はじめに、それぞれのアプリを「何のため」に使っているのかはっきりさせる。純粋に楽しみのため？　友人や家族と連絡を取るため？　重要なニュースの最新情報を得るため？また、そうした活動を行うことが充実感につながっているかどうかを考えよう。

2. 次に、その活動に毎日、毎週、毎月、どれだけ時間をかけたいかを考える。そして、目的を達成するにはそのアプリを使

うのがベストなのかどうか判断しよう。たとえば家族と連絡を取り合うためにフェイスブックを使っている場合、本当にそれがいちばんいい方法だろうか？　電話をかけたほうがよくはないだろうか？

3. 最後に、目的を達成するためにアプリをどう使うかを考える。たとえば、ニュースを読むのは週1回にする（戦術25）、メールチェックは1日の終わりまで待つ（戦術34）、フェイスブックは赤ちゃんの写真を共有する以外には使わない、など。方針を決めたら、本書のあらゆる戦術を使って、それ以外の時間や状況でのアクセスを制限し、計画の実行に役立ててほしい。

ツイッターは目的を限定して使えばいい

僕は以前、ツイッターに時間をかけすぎていたが、あるときからツールとして使うことにした。ツイッターを使うのは、自分の仕事を広め、読者からの質問に答えるためだけと決めた。

この目的に限って使うならそれほど時間を食わないし、タイムラインを見る必要すらない。いまではツイッターを使うのはスマホではなくラップトップだけにし、時間も1日30分に制限している。その時間を有効に使うために、タイムラインは見ずに、ツイッターの通知画面に（URLを打ち込んで）直接行くようにしている。使い終えたら、翌日のツイッタータイムまでログアウトする（戦術18）。

戦術 33 > 「いいときだけ」の ファンになる

　スポーツチームのファンでいるためには、どれだけの時間が必要だろう。そして、あなたはどれだけの時間を使っているだろう。

　最近ではひいきチームの試合はおろか、その他の全チームの全試合をリビングでくつろぎながら見ることもできる。ニュースやうわさ、トレードやドラフトの情報、ブログ、予想などを1年中、いくらでも読める。**最新情報を把握しようと思ったら、1日24時間かけてもまだ足りないくらい**だ。

　スポーツファンは時間だけじゃなく、感情エネルギーも使う。チームが負けたら気がくさくさするし、落ち込んで何時間も、へたすると何日も力が出ないこともある。チームが勝っても陶酔感が時間クレーターをつくり（戦術30）、その日の名シーンに見入ったり、試合後の分析を読みふけったりする。

　スポーツは僕らの心を強くとらえる。**スポーツは、生来の部族的な欲求を満たす**のだ。誰もが親や家族、友人と一緒に地元のチームを応援しながら育ち、同僚や見ず知らずの人とスポーツ談義をする。それぞれの試合やシーズンのゆくえは予測できないが、最後は必ず（実生活とは違って）明確な勝ち負けで終わるから、深い満足感が得られる。

　スポーツからすっかり足を洗えとは言わない。だが、ちょっとズルをして、**調子がいいときだけ応援してはどうだろう。**

　試合観戦はプレーオフなどの特別なときだけにして、負けが込んでいるときはニュースを読まない。ほかのことに時間をかけたって、チームのファンでいることはできる。

いちばん楽しいこと「だけ」やる

　僕の祖母ケイティはウィスコンシン州グリーンベイの出身だ。祖母の父の高校時代のアメフトコーチは、アール・"カーリー"・ランボーといった。NFLファンには聞き覚えのある名前だろう。カーリーはグリーンベイ・パッカーズの創設者の1人で、チームの本拠地ランボー・フィールドは彼の名を取ってつけられた。アメフトのテレビ中継が始まるはるか前、祖母はグリーンベイ・イースト高校のチームから派遣されて、パッカーズのチアリーダーをしていた。

　つまりパッカーズ愛は僕のDNAに刷り込まれているようなものだから、調子がいいときだけ応援するというのは、無理な相談だ。

　だから、僕はちょっと違うやり方をしている。パッカーズ・ファンでいることのとびきり楽しい部分をいいとこどりするのだ。僕にとってそれは仲間と（ホットドッグを食べ、ビールを飲みながら）試合をテレビ観戦し、2年に一度ランボー・フィールドで寒さに震えながらホームゲームを観戦することだ。

　パッカーズの応援にもっと時間をかけたいのはやまやまだ。ニュースを読み、主要選手を分析し、シーズンオフもチームの状況を把握していたい。そうすればいまよりもうちょっと楽しめるだろう。だが、かなりの時間を費やすことになる。

　だから僕はいちばん楽しみが得られるハイライトの部分に集中し、残りの時間をほかの大事なことに使っている。

レーザー戦術

メールを
「スロー」にする

戦術34 ▼ メールは「一日の終わり」にする

戦術35 ▼ 「メールタイム」を決める

戦術36 ▼ 受信箱を空にするのは「週1回」

戦術37 ▼ メールを「手紙」と思え

戦術38 ▼ 返信は遅く

戦術39 ▼ 「期待」をリセットする

戦術40 ▼ 「送信専用メール」をつくる

戦術41 ▼ 「オフライン宣言」をする

戦術42 ▼ 「メールスケジュール」を組む

メールが勤務時間の大半を奪っている

　僕ら2人は昔、からっぽの受信箱はデキるビジネスマンの証(あかし)だと信じていた。デビッド・アレンなどの生産性向上の専門家に触発されて、受信メールを1つ残らず処理することを長年日課にしていた。ジェイクときたら、グーグルでメール管理講座を開き、受信箱を空(から)にすることの大切さを同僚数百人に説いていたほどだ。

　受信箱を空に保つことには、それなりの意義がある。メールを全部片づけてしまえば、仕事をするあいだ、気を散らされない。受信箱から去る者、日々に疎(うと)しだ。

　これは、たしかに毎日数通しかメールを受け取らない人には有効なテクニックだ。だが僕らを含む**ほとんどのオフィスワーカーは、数通どころではないメールを日々受信する。**

　いつしか、メールは僕らの手に負えなくなった。仕事に集中できるようにメールを片づけているはずが、メールの処理が本業のようになってきた。[*10]

　早く返信すればするほど、ますます返信が殺到し、すばやい返信を期待されるという悪循環に陥っていった。

チェックを減らすと、メール処理の効率が上がる

　毎日ハイライトの時間をつくるようになると、猛烈なメール処

---

*10── マッキンゼー・グローバル・インスティテュートの2012年の調査によると、オフィスワーカーが本来の仕事にかける時間は全体の39％にすぎず、残りの61％の時間は連絡や調整、つまり仕事のための仕事に費やされ、メールがその半分を占めていた。まさに多忙中毒だ！

理をやめなくてはと思った。そんなわけで僕らはここ数年ほど、**受信箱に"ブレーキ"をかけている。**

　簡単なことじゃないが、レーザーモードに入ってハイライトをやり遂げたいなら、僕らのように受信箱のペースを落とすことを勧めたい。

　見返りは、レーザーモードにとどまらない。メールチェックの頻度を下げると、ストレスが減るうえ、無制限にチェックした場合と変わらず状況を把握できることがわかっている。

　ブリティッシュコロンビア大学の2014年の研究によれば、メールチェックを**1日3回に制限された人は、（好きなだけチェックした人に比べて）ストレスが大幅に少なかった。**

　研究者のエリザベス・ダンとコスタディン・クシュレヴは、「メールチェックの回数を減らすことには、暖かい南の島で泳ぐことを1日数回想像するのと同じくらいのストレス低減効果がありそうだ」と書いている。

　そして意外かもしれないが、**メールチェックの回数を減らした人は、処理の効率が上がった。**チェックの回数を1日3回に限定したところ、その週、ふだんとほぼ同数のメールに返信したが、所要時間は20％少なかった。メールチェックの回数を減らすことによって、時間が生まれたのだ。

　とはいえメールの習慣をリセットすることも、口で言うほど簡単じゃない。さいわい僕らはメール依存の経験者だから、受信箱との関わり方を変えるためのコツをいくつか紹介できる。

レーザー戦術：メールを「スロー」にする　163

戦術 34 〉 メールは「1日の終わり」にする

　朝イチでメールをチェックして他人の優先事項に振り回されるのはやめて、メール処理は1日の終わりにしよう。そうすれば**仕事がはかどるゴールデンタイムを、ハイライトなどの大事なことに使える**。

　1日の終わりはエネルギーレベルが下がっているが、メール処理にはそのほうが好都合だ。頼みごとに安請け合いをしたり、簡単な返事ですむところを長大なマニフェストを返したりしてしまう気力はもう残っていないはずだ。

戦術 35 〉「メールタイム」を決める

　1日の終わりにメールを処理する、という新しい日課を定着させるには、予定表に書き込むといい。そう、**予定表に「メールタイム」を追加する**のだ。

　そのための時間が確保されていると知っていれば、いま、わざわざメールで時間を無駄にしようと思わなくなるだろう。

　また、ミーティングや退社のような動かせない予定の直前にメールタイムを入れると、さらに集中して処理できる。

　メールタイムが終わったら、メール処理はもうそこでおしまいにする。**時間内にやれるだけやって、次へ移ろう。**

戦術 36 〉受信箱を空にするのは「週1回」

　空の受信箱はスッキリして気分がいいものだが、そのために毎日時間をかけたくはない。JZは受信箱を空にするのは週に1度と決めて、週の終わりまでに全部に目を通せればよしとしている。あなたも試してみよう。毎日、受信箱をざっと見て、**本当に早急な対応が必要なメッセージを探してもいいが、返信するのはそれだけにする**。友人や家族には、急な用件はショートメッセージか電話をくれるように頼んでおけばいい。急を要しない用事についてはおとなしく返信を待つように、同僚（やほかのすべての人）をしつけよう（返信の期待をリセットする方法は戦術39で説明する）。

戦術 37 〉メールを「手紙」と思え

　メール絡みのストレスの多くは、「つねにチェックして新規メッセージに即レスしなくては」という強迫観念から生じている。メールを昔ながらの紙の手紙のように扱うと、楽になれる。
　郵便は1日1回しか配達されないし、配達されてもほとんどの手紙は机の上にしばらく放置されてからようやく処理される。それでも**連絡の99%についてはそれで事足りる**のだ。ペースを落とし、メールをありのままにとらえよう。ハイテクでおめかししているが、一皮むけば昔ながらの手紙と変わらない。

レーザー戦術：メールを「スロー」にする　165

戦 術

38 〉 返 信 は 遅 く

　受信箱をコントロールするには、「できる限り早く」から**「許される限り遅く」**への方針転換が何より必要だ。メールやメッセージにはゆっくり返信する。数時間、数日、ときには数週間置いてから連絡をとろう。**ひどいやり方だと思うかもしれないが、そんなことはない。**

　実生活では、誰かに話しかけられたら、すぐに返事をする。「ミーティングどうだった？」と同僚に聞かれたら、前を凝視したまま聞こえないふりなんかしない。あたりまえだ。そんなの失礼すぎる。

　普通の会話ではすぐに返事をするのがデフォルトになっている。そしてそれはよいデフォルトだ。礼儀にかなっているし、協力的だ。だが「即答」のデフォルトをデジタルの世界に持ち込むと、大変なことになる。

　ネットでは、物理的に近くにいる大事な人に限らず、誰でもあなたに連絡をとることができる。彼らは（あなたのではなく）自分の都合のよい時間に、（あなたのではなく）自分の優先事項について尋ねてくる。

　そしてあなたは、メールその他のメッセージをチェックするたび、こう聞いて回っているようなものだ。
「私の時間をいま必要な人はいませんか？」

　また、すぐに返信するのは、彼らと自分自身にこんなメッセージを送っているようなものだ。
「あなたがどこの誰で、用件が何であれ、私は自分の優先事項を

差し置いて、あなたの優先事項のために時間をつくりますよ」

　こう書いてみると、**とんでもない気がするだろう？**　だがこのとんでもない即レスこそが、現代文化のデフォルト行動だ。それは多忙中毒を支える柱なのだ。

強い信念で「即レス文化」を拒絶する

　このばかげたデフォルトは変えられる。受信箱をチェックする頻度を下げ、メッセージがたまるまで放っておき、まとめて処理すればいい（戦術04）。返信を遅くすれば、レーザーモードの時間が増える。

　ひどいやつだと思われるのが心配なら、**「集中力を高め、マインドフルな状態でいれば、彼らの同僚や友人としてもっと役に立てるのだから」**と、自分に言い聞かせよう。

　多忙中毒の即レス文化はとても強力なため、それを振り切って方針転換するには信念が必要だ。

　ハイライトを信じよう。あちこちに気移りしながらすごすのをやめてハイライトを優先することには、それだけの価値がある。

　レーザーモードを信じよう。メールをさばくより、大事なことに一点集中したほうが多くを達成できる。

　人を信じよう。本当の急用があれば直接言いに来るか、電話をくれるはずだ。

戦術
39 〉 「 期 待 」 を リ セ ッ ト す る

　あたりまえだが、メールタイムを制限したり返信を遅くしたりしたいのなら、相手の"期待"のことも考えなくてはならない。同僚や仕事の関係者にはこんな感じのことを伝えておこう。

「大事なプロジェクトに集中していて返信が遅くなるから、急ぎの用件はショートメッセージで知らせてほしい」

　このメッセージは直接口で伝えてもいいし、メールの本文や署名、自動応答メッセージに含めてもいい。[11]

　これは注意深く考え抜かれた言い回しだ。「大事なプロジェクトに集中している」というのは、れっきとした理由でありながら、適度な曖昧さがある。

　また緊急時の連絡方法にショートメッセージを指定しているが、メールやチャットアプリより敷居が高いから、仕事を妨げられる回数はずっと減るだろう。[12]

／ 「 行 動 」 で 語 る

　言葉ではっきり言わない方法もある。**行動で語る**のだ。

*11── ティム・フェリスに感謝する。ここに挙げたアイデアは、彼の著書『「週4時間」だけ働く。』(青志社)の職場での付き合いの秘訣を参考にした。
*12──「〜だから」「〜なので」の言葉には強力な効果がある。1978年の研究で、ハーバードの研究者がコピー機の行列(ほら、1978年の研究だから)に割り込む実験を行った。ただ「コピー機を使っていいですか?」と尋ねた場合は60%の人が順番を譲ってくれたが、「コピーをとる必要があるから、コピー機を使っていいですか?」と尋ねると、93%の人が順番を譲ってくれたという。信じられない! みんなコピーをとるために並んでいたのに! コピー機でやることといったら、それしかないだろう?「〜だから」は魔法の言葉なのだ。

たとえばグーグル・ベンチャーズでは、僕ら2人がメールにすぐ返信しないことは有名だった。返事を早くほしい人はショートメッセージを送るか、職場まで直接来てくれた。

　でも僕らはそういう方針を文章にしたことは一度もない。

　メールの返信がいつも遅いから、急ぎのときはみんなが違った方法で連絡をとるようになったのだ。おかげでレーザーモードとハイライトにかけられる時間が増え、チームでのスプリントや執筆を進めることができた。

　もちろん、営業やカスタマーサポートなど、すばやい対応が求められる仕事もあるだろう。

　でもそれ以外のたいていの仕事では、返信が遅いせいで多少不興を買ったとしても（実際には思ったほどは買わないが）、増えた時間で有意義な仕事をすれば挽回できる。

戦術 40 「送信専用メール」をつくる

メールが来ないスマホはすばらしいが、送信機能がほしいときもある。そんな人に朗報だ。両方のいいとこどりをすればいい。

JZ

「送るためだけ」にメールを使う

僕は2014年に「気が散らないiPhone」を試し始めたとき、メールを送れないのが意外と困った。それまで自分宛てにメモやリマインダを送ったり、ファイルや画像を誰かと共有したりするために、メールをしょっちゅう使っていたのだ。ツイッターで「メール送信専用」のiPhoneアプリがあるかどうか訊いてみたら、みんなに笑われた。

友人でソフトウェアエンジニアのテイラー・ヒューズに相談すると、簡単な解決法を教えてくれた。

▶「送信専用メール」のつくり方

1. メールアカウントを新たに作成する。どこでつくってもいいが、（Gmailなど）一般的なウェブメールサービスを利用すると、スマホに追加しやすい。
2. メール転送機能を使って、新アカウントに届いたメールはすべて通常アカウントに転送し、新アカウントの受信箱はつねに空になるように（自動的に削除されるように）設定する。

3.通常アカウントの代わりに、新アカウントをスマホに入
　れる。

　テイラーの解決策はバッチリうまくいった。数か月後、別
の友人でソフトウェアエンジニアのリズワン・サッタールが
このアイデアに興味を持ち、「コンポーズ」という iPhone
アプリを開発した(Compose-Send email without distraction)。
送信専用のメールアプリだ。

戦術 41 〉「オフライン宣言」をする

こんな「留守」メールを受けとったことはないだろうか?
「今週は休暇のためメールが使えませんが、戻り次第返信します」

人里離れた場所への冒険旅行を思わせるメッセージだ。

荒涼とした砂漠、カナダ・ユーコンのツンドラ地帯、それとも洞窟探検か。でも、**通信網のない辺境に実際にいるとは言っていない**。たんに1週間ネットを利用しないというだけだ。

レーザーを「休息」に当てる

あなたも行き先がどこであれ、休暇に出るときは同じことを言えばいい。**ネット断ちすることを「選択」するのだ**。

たいていの職場には「休暇中もメールをチェックする」という暗黙の（ばかばかしい）期待があるから、難しいかもしれない。だが難しくても、やろうと思えばできることが多い。

それに、見返りは大きい。

休暇中の時間は限られていて貴重だから、休暇中こそレーザーモードが大切だ。

仕事用のメールアプリを削除し（戦術24）、ラップトップを家に置いていく（戦術22）絶好のチャンスだ。行き先がどこでもネット断ちはできるし、するべきだ。そうすれば休暇を心ゆくまで満喫できる。

> 戦術
> **42** 「メールスケジュール」を組む

　世の中にはメールを使わずにはいられない人もいる（ゴホン、ゴホン、ジェイクのことだ）。本書のような戦術をやりたいのに、意志力がなくてできずにいる人もいる。

　だが、希望はある。「メールスケジュール」を組んで、それ以外の時間は、受信箱から自分を「ロックアウト」すればいい――自分を閉め出してしまうのだ。

 Jake 「メール中毒」を克服する

　初めてメールに出会ってからずいぶん経ち、分別もついたというのに、僕はまだメールにどうしようもないほど夢中だ。いまでも受信箱に何か新しくワクワクするものが入っていないかと、**暇さえあればメールをチェックしている**。どうしてもガマンできないのだ。

　そう、**僕は意志力ゼロの人間**だ。でもメールの使用時間は厳しく制限している。そのために、僕はネットから自分を閉め出す戦術を使っている（戦術28）。

　この戦術は、あらかじめ計画した時間の使い方に沿って行動するのに役立っている。

▶ メールスケジュールを組むための「3つの質問」

　自分の理想のメールスケジュールを組むために、僕は次の

問いについて考えた。

Q：朝の（1回めの）メールチェックはいちばん遅くて何時
　まで延ばせるか？

A：朝10時半。ヨーロッパの人たちとも仕事をしているから、
　これをすぎると連絡がつくのが翌日になってしまう。

Q：1回めのメールチェックに必要な時間は？

A：30分。それより長いと注意が完全にそがれてしまうし、短
　いと、急ぎのメールや重要なメールに対応できないかもしれ
　ない。

Q：2回めのメールチェックは遅くとも何時までにやるべき
　か？

A：15時。この時間ならまだ相手とやりとりできるし、午後の
　早い時間にほかのことに集中する時間をたっぷりとれる。

　この自問自答を踏まえて、まず、朝10時半までインター
ネットのすべてから自分を閉め出すようにした。それから
30分でメールをチェックして、11時から15時までのあい
だ、また自分を閉め出す。このころには通常、ハイライトを
完了しているから、1日が終わるまでにメールを処理する時
間はまだ十分残っている。

　このやり方が優れているのは、苦労せずに毎日予定どおり
行動できるところだ。

　僕のようにメール愛／中毒に苦しむ人は、スケジュールを
立てて自分をネットから閉め出そう。この方法は、どんな無
限の泉にも使える。

レーザー戦術

テレビを「お楽し み」に変える

戦術43 ▼ ニュースを見ない

戦術44 ▼ テレビを「隅っこ」に追いやる

戦術45 ▼ テレビを「スクリーン」に替える

戦術46 ▼ 食べ放題ではなく「アラカルト」にする

戦術47 ▼ 愛しているなら手放してやれ

> テレビほど人を堕落させる技術製品もない。
> だがテレビも使い方次第ではすばらしいものになる。
> —— スティーブ・ジョブズ——

テレビよ、君を愛している。

テレビは時空を越えて、他人の暮らしを体験させてくれる。脳が疲れ果てたときも、テレビを見ればくつろいでエネルギーを充電できる。

だがメイクタイムの戦術は、注意をコントロールするためにある。113ページで紹介したデータを思い出そう。アメリカ人の1日あたりのテレビ視聴時間は平均4.3時間——1日に4.3時間だ！　これは驚くべき数字だ。テレビよ、悪いが言わせてくれ。**君は時間を食いすぎる**。

僕らの目には、テレビタイムはすばらしい金鉱に映る。膨大な時間が、使ってくださいといわんばかりにそこにあるのだ。例のごとく、**あなたはただデフォルトを変えさえすればいい**。

テレビを手放す必要はない。でも毎日見るのはやめて、特別な機会だけにしよう。

ジェイクと妻が、アイスを毎日食べたがる子どもたちを説得するときの言い方で言うと、**「たまのお楽しみ」**にするということだ。

時間を掘り起こし、創造性を手に入れる

この習慣を変えるのは楽じゃない。毎日のテレビは強力なデフォルトだ。もしあなたが自動操縦のように習慣的にテレビを見

ているとしても、それはあなただけじゃない。

　ほとんどの家で、リビングルームはテレビを中心とした配置になっているし、職場ではテレビの話が雑談のデフォルトだ。

　みんなテレビを見て育ったから、**毎日どれだけの時間をテレビが占めているかに気づいていない**ことも多い。

　でもこうした世間の縛りから離れさえすれば、多くの時間を解き放つことができる。1日の視聴時間を1時間以下にするだけで、大きな違いが生まれる。

　時間だけじゃない。創造のエネルギーを解き放ち、ハイライトに注ぐことができる。ジェイクが小説執筆のプロジェクトで身をもって学んだように、**テレビを見て他人のアイデアにたえずさらされていると、自分で何も思いつかなくなる**のだ。

　ここではテレビをコントロールするための実験方法をいくつか紹介しよう。

レーザー戦術：テレビを「お楽しみ」に変える　177

戦術 43 ＞ ニュースを見ない

　視聴習慣を 1 つだけ変えるとしたら、ニュースをやめよう。

　テレビのニュースは驚くほど効率が悪い。キャスターのしゃべりに、くどくどしいニュース報道、CM、無意味な音の羅列が無限ループで繰り返される。

　ほとんどのテレビニュースは、その日に起こった重要なできごとを簡潔に伝えるのではなく、**不安をかき立てるニュースでわざと視聴者を動揺させ、番組を見続けるように仕向けている。**

　そんなものに付き合うのはやめて、1 日か 1 週間に一度、ニュースを読むことを習慣にしよう（戦術 25）。

戦術 44 　テレビを「隅っこ」に追いやる

　リビングルームの配置はたいていテレビが中心にあり、テレビを見ることがデフォルト活動になるようにできている。

　代わりに、テレビを見るのが大変で骨が折れるような配置に変えよう。こんなふうに。

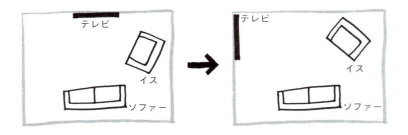

　これを考案したのはジェイクの友人で3人の男の子の両親、シンディとスティーブだ。

「これでもテレビは見られるし、実際にみんなで見ている」とシンディは言う。「でも、配置換えのおかげで、前よりずっとおしゃべりしやすくなった。あの黒い画面のせいで部屋が暗い印象にならずにすむのもいいわね」

　シンディの言うとおりだ。

　スイッチを切った画面はつけてくれと叫んでくるが、視界に入りにくい場所に追いやれば、ずっとがまんしやすい。

レーザー戦術：テレビを「お楽しみ」に変える

戦術
45 テレビを「スクリーン」に替える

　今度テレビを買うときは、プロジェクターとスクリーンに買い換えることを検討しよう。

　これは映画館のような大画面を安く手に入れる方法だが、視聴のたびにセットアップの手間がかかるのがネックだ。でも、この手間がいいのだ。

　おかげで**「オフ」の状態がデフォルトになる**。プロジェクターを出すのは特別な機会だけにしたくなるし、それに実際見てみると大画面の映像はすばらしい。

　時たま大画面ですばらしい視聴経験ができ、それ以外のときは自由な時間が増えるという、一石二鳥の戦術だ。

戦術 46 > 食べ放題ではなく「アラカルト」にする

　定額制の動画配信サービスの問題点は、いつでも何かしら見るものがあることだ。リビングルームで「気を散らすもの」食べ放題のビュッフェが年中無休で提供されているようなものだ。

　ケーブルテレビ、ネットフリックス、Hulu などは解約し、代わりに映画やドラマを1本ずつレンタルまたは購入しよう。

　要はデフォルトを「何か見るものある？」から、「いま本当に見たいのか？」に変えるということ。

　過激なようだが、一時的に実験してもいい。元に戻したくなったらごく簡単に再加入できる。

　ネットフリックスだけのコンテンツも自分で「アラカルト」にして見ることができる。本当に見たいもの（『ストレンジャー・シングス』など）が配信されたときだけ有料登録して、視聴が終わったらすぐに解約手続きをすればいい。そうすれば、1か月後にサービスは自動解約される。

レーザー戦術：テレビを「お楽しみ」に変える　181

戦術
47 ＞ 愛しているなら
　　　手放してやれ

　テレビを捨てる必要はないが、視聴時間をどうしても減らせない人は、1か月間テレビ断ちという極端な方法を試してもいい。
　テレビのコンセントを引っこ抜き、クローゼットにしまうかどこかの倉庫に入れてしまうかして、テレビなしで暮らしてみるのだ。
　1か月経ったら、テレビを見ない時間にできたことを全部思い返し、どれだけの時間をテレビに返してやりたいか考えよう。

　Jake　　「テレビなし」は意外とたのしい

　僕がテレビ習慣を変えることになったきっかけは偶然だった。2008年に家族でスイスに引っ越したとき、テレビを置いていったら、18か月間テレビなしですごす羽目になったのだ。
　でも、文明社会から隔絶されていたわけじゃない。週に2度、99セント払って「コルベア・リポート」を1話ずつダウンロードし、家族でパソコンを囲んで見た。でもほとんどの時間は、何も見るものがなかった。
　僕はテレビを見て育ったクチで、テレビが生活の一部じゃなかったときを思い出せないほどだ。だから、テレビがなくなっても退屈だと思わない自分に驚いた。
　家族での食事や息子とのレゴ遊び、散歩、読書など、やる

ことはいくらでもあった。

　どうしても映画が見たければ、荷物から DVD を掘り出してパソコンで見ることもできた。ときどきそれをやったが、映画を見るのは日常のできごとではなく、特別な機会になった。

▶ 「たまに楽しむ」ほうがずっと楽しめる

　アメリカに戻ってからも、テレビがないことにしばらく気がつかなかった！　気づいてからも、テレビを生活に戻すのをためらった。ほかのことをする時間のある生活があたりまえになっていたのだ。テレビをまた手に入れたら、デフォルトが「オン」に戻ることはわかっていた。

　テレビがわが家の生活の「たまのお楽しみ」になってから、もう 10 年近くになるが、とてもいい感じにすごしている。いまも映画は大好きだし、テレビシリーズもたまに見るが、かつてよりコントロールできている。

　おかげで探し当てた余分な時間の金鉱を、本の執筆や、息子たちとのふれあいに費やしている。アイスクリームと同じで、テレビは毎日たっぷり楽しむより、たまのお楽しみにしたほうが満足がずっと大きい。

レーザー戦術

フローに入る

戦術 48 ▼ ドアを閉める

戦術 49 ▼ 自分で「締め切り」をつくる

戦術 50 ▼ ハイライトを「こっぱみじん」にする

戦術 51 ▼ 「レーザー・サウンドトラック」を流す

戦術 52 ▼ 「目立つタイマー」をセットする

戦術 53 ▼ ツールに凝らない

戦術 54 ▼ 「紙」から始める

戦術 48 ドアを閉める

> ドアを閉めることで、あなたは世界と自分自身に向かって、
> 本気で取り組むという決意を表明したことになる。
> —— スティーヴン・キング ——

　スティーヴンの言うとおりだ。ハイライトに集中する必要があるなら、悪いことは言わないからドアを閉めよう。ドアのある部屋がなければ、こもれる部屋を探そう。

　それもないなら——**音楽は流さなくてもいいから**——ヘッドホンをつけよう。

　ヘッドホンや閉じたドアは、あなたからほかの人に対する「邪魔されたくない」という意思表示であり、**自分自身への決意表明**でもある。

　あなたは自分にこう言い聞かせている。

　「集中すべき対象はすべてここにある」

　レーザーモードの時間が来たことを、自分に知らせているのだ。

戦術 49 自分で「締め切り」をつくる

集中を高める方法として、「締め切り」に勝るものはない。誰かが結果を期待して待ってくれていると、レーザーモードにとても入りやすい。

問題は、ほとんどの締め切りが「やりたいこと」（たとえばウクレレの練習）ではなく、「恐れていること」（たとえば確定申告）のためにあることだ。

だがこの問題は簡単に解決できる。やりたいことのためにも、**自分からすすんで締め切りをつくればいい。**

スプリントでも、自主的な締め切りこそが秘密成分になっている。スプリントで製品の試作品をつくるとき、1週間の最終日に顧客インタビューを行うことが決まっている。だから、月曜日にスプリントを開始したその瞬間から、タイムリミットが刻々と迫ってくるのをチーム全員が意識する。木曜日の夜までに**なにがなんでも問題を解決し、プロトタイプを完成させなくてはならない。**金曜日には顧客が来てしまう！

この締め切りは完全に自主的なものだが、おかげでチームは5日間ぶっ通しでレーザーモードでいられるのだ。

あなたもやりたいことの時間をつくるために、自分で締め切りをつくるといい。たとえば、5キロランのようなランニングのイベントに登録する。パスタのつくり方を学ぶ前に、友人を自家製パスタのディナーに招待する。絵を描く前に、絵画展に参加を申し込む。今日のハイライトを友人に宣言して、あとにひけない状況をつくる、などだ。

レーザー戦術：フローに入る　187

JZ

決めてしまうと時間はつくれる

　僕は高校時代、陸上とクロスカントリーをやっていたが、大学の4年間はキャンパスをジョギングすることさえ一度もなかった（忙しかったのは事実だが、ピザとビール三昧の生活にも大きな原因があったようだ）。

　卒業後シカゴに引っ越してからは、長距離走を再開したいと思いながら、その時間をつくれずにいた。

　社会人になって初めての夏、友人のマット・ショービーがシカゴのバスティーユデイ〔7月14日のフランスの革命記念日〕の5キロランに出ないかと、声をかけてくれた。

　僕は開口いちばん「無理だよ、準備ができていない」と言ったが、考えてみればバスティーユデイはまだ1か月以上先だ。トレーニングの時間は十分あり、僕は走る口実を必要としていた。ようし、やってやろうじゃないか！　**こうして「決めた」ことがモチベーションになった。**

　5キロランの日を締め切りとして簡単なトレーニング計画を立て、すぐに開始した。

　いざ始めてみると、トレーニングの時間をつくるのはそう難しくなかった。本番ではレースを楽しみ、タイムも20分を切ることができた。以来、僕は自主的な締め切りの大ファンだ。

戦術
50 ＼ ハイライトを
「こっぱみじん」にする

　どこから手をつけていいかわからないときは、ハイライトを分割して、小さく、取り組みやすいタスクのリストにしてみよう。たとえばハイライトが「休暇の計画を立てる」なら、こんなふうにこっぱみじんにする。

▶ 予定表を見て、休暇の日程を考える
▶ ガイドブックをざっと読み、行き先の候補をリストアップする
▶ 家族で話し合って行きたい場所を選ぶ
▶ ネットで航空運賃を調べる

　各項目に「動詞」が含まれていることに注目してほしい。一つひとつの項目が、小さく、手をつけやすい具体的なアクションになっているのだ。
　僕らはこのテクニックを生産性向上の権威、デビッド・アレンから学んだ。彼はプロジェクトをこうしたアクションに分割することについて、こんなことを書いている。
「実行可能で完了可能に思えるタスクに目を向けると、ポジティブなエネルギーと方向性、やる気が大いに高まる」
　メイクタイム用語に言いかえると、小さく実行可能なタスクをこなすうちに勢いがつき、レーザーモードにロックされるということだ。そんなわけで、ハイライトに押しつぶされそうな気がしたら、小さなダイナマイトを使ってみよう。

レーザー戦術：フローに入る　189

戦術 51 ＞「レーザー・サウンドトラック」を流す

レーザーモードになかなか入れないときは、「キュー」を試そう。

キューとは、意識的または無意識的な行動を誘発する、さまざまなきっかけのことだ。チャールズ・デュヒッグが『習慣の力 The Power of Habit』（講談社＋α文庫）のなかで「習慣のループ」の第1段階として説明している。

まず「キュー」をきっかけに、脳が習慣のループを始動させる。すると脳は何も考えない自動操縦モードに入り、決まった「ルーチン」に従って行動する。最後に、脳は「報酬」を得る。特定の結果を得ると脳は喜び、次にキューが現れたときに報酬を求めて同じルーチンを繰り返す。

僕らの身の回りには、好ましくない行動をうながすキューがあふれている。たとえばダブルチーズバーガーにかぶりつきたくなる、フレンチフライのにおいもそうだ。

だが、レーザーモードのような「好ましい習慣」を作動させるキューを、自分でつくることもできる。

「大好き」だが「あまり聴かない」曲を選ぶ

僕らのオススメは、レーザーモードのキューに音楽を使うことだ。ハイライトを開始するとき、毎回同じアルバムの同じ曲をかけてもいいし、ハイライトの種類ごとに特定の曲やアルバムを決めておき、それを流してもいい。

たとえばジェイクは超短ワークアウト（戦術64）を始めるとき、マイケル・ジャクソンの「ビリー・ジーン」と「今夜はビート・イット」をかける。冒険小説を執筆するときは、M83のアルバム「ハリー・アップ・ウィ・アー・ドリーミング」を聴く。下の息子と電車遊びをするときは、テーム・インパラのアルバム「カレンツ」を流す、といった具合だ。[*13]

何曲か聴くうちにゾーンに入る。音楽がどのルーチンを実行するかを脳に指示してくれるのだ。

それ以外のときは、これらの曲は聴かない。特別な活動のためにとっておく。何度か繰り返すうちに、曲は習慣のループに組み込まれ、脳はそれを聴いただけで特定のバージョンのレーザーモードに入るようになる。

何をサウンドトラックにするかと考えるときは、大好きだけど、それほどよくは聴いていない曲を思い浮かべるといい。そしていったん選んだら、レーザーモードに入りたいときだけ、その曲を聴くようにする。

とにかく、聴くといい気分になる曲を選ぶことが大事だ。そうすれば、**それを聴くことはキューにもなり、報酬にもなる**。

ハイライトをキメようとする者たちに敬意を捧ぐ！

[*13] —— ノンフィクションを書くときにかけるアルバムはメタリカの「メタル・マスター」だが、これは恥ずかしくて言えないらしい。

レーザー戦術：フローに入る　191

戦術 52 「目立つタイマー」をセットする

　時間は目に見えない。

　でも、見えたっていいじゃないか。

　タイムタイマーを紹介させてほしい。露骨なセールストークに思われないよう最初に断っておくが、僕ら2人はタイムタイマーのメーカーからリベートをもらっているわけじゃない。

　僕らはタイムタイマーに夢中だ（「タイムタイマー」という響きもイイ！）。

　スプリントをするときは必ずタイムタイマーを使う。ジェイクの家には5台もある。タイムタイマーはすばらしいのだ。

　タイムタイマーとは、子どものために設計された特別な時計だ。1分から60分までの時間を設定すると、時間が進むにつれて、残り時間を示す赤い円盤が少しずつ減っていき、完全に見えなくなるとタイマーが鳴る。

　とてもシンプルだ。じつに天才的だ。時間が見えるようになるのだ！

　レーザーモードに入るときにタイムタイマーを使うと、理屈抜

きで「いますぐこれをやらなくては」という、**完全にいい意味での切迫感を覚える**。

　時間の経過が目に見えるから、目の前のタスクに集中せざるを得なくなるのだ。

Jake

　僕は次男と遊ぶとき、よくタイムタイマーをセットする。ひどいやつだと思うだろう。批判してもらって結構。でも息子は残り時間をはっきり意識するし、僕自身、いまこの瞬間は貴重ですばやくすぎていくものだから、**全力で楽しまなくては**と思わせられる。

戦術
53 〉 ツールに凝らない

　最高のやることリストはどれだろう？　メモやスケッチに適した、最高にカッコいいメモ帳とペンは？　極上のスマートウォッチは？

　どんな人にもお気に入りがある。ネット上には「ベスト何とか」やら「何々するための最新のクールな方法」やらの情報があふれている。[*14]

　だが、ツールにこだわるのは本末転倒だ。大工や機械工、外科医でもない限り、完璧なツールを選ぼうとすることは仕事の妨げになる。これも、**やるべきことをやらずにほかのことにうつつを抜かす方法**のひとつにすぎない。

　ずっと書きたかった台本を実際に書き始めるより、ラップトップに優れもののワープロソフトを入れるほうが簡単だ。スケッチを始めるより、日本製のメモ帳とイタリア製のペンを買い求めるほうが簡単だ。

　それに、非生産的な行動の代名詞にもなっているフェイスブックのチェックとは違って、最高のツールの調査研究にいそしんでいると、仕事をしている気分になれる。

　でも実際には、それは仕事ではない。

　手に入りやすいシンプルなツールを使ったほうが、レーザーモードに入りやすい。何かが壊れても、バッテリーが死んでも、家にガジェットを忘れても、平然としていられる。

*14── 実際、ガジェットやアプリ、ツール、ギアに関する談義は、ネット上でネコ動画に次ぐ人気がある。ソース：僕らが過去にクリックしたリンクに関する僕らの独自研究。

194

「最強のツール」は 最もシンプルなツール

　僕はツールに凝って痛い目に遭ったことがある。2006年に、最強の生産性向上ソフトを見つけた。「モーリ（Mori）」という名のシンプルで便利なメモ作成とファイリング用のアプリで、好きなだけカスタマイズすることができた。

　僕はうれしくなってモーリをラップトップに入れ、膨大な時間を費やしてすべてのプロジェクトの情報をモーリに取り込んだ。僕の見立てどおり、これは最強のソフトだった。モーリは僕の脳の拡張機能になった。

　だが数か月後、ほころびが見え始めた。コンピュータのOSを更新したら、モーリは最新バージョンに対応していなかった。自宅でメモを読もうとしたら、職場にラップトップを忘れていた。そしてとどめを刺すように、開発者が突然モーリを完全に停止してしまった。あのときは本当にうろたえた。

　こうした脆弱性が、凝ったツールのもう1つの問題点だ。技術的問題から自分の不注意まで、レーザーモードに入ってハイライトに取り組む妨げになり得ることが山ほどある。

　モーリが消えてから、仕事の管理にはシンプルで簡単に手に入るツールを使うようになった。コンピュータのテキストファイルやスマホのメモ帳、普通のポストイット、ホテルの無料のペン、といったものだ。**10年経ったいまも、こうした平凡なツールは前と変わらずきちんと機能している**。

　僕はすばらしい最新ツールに心動かされるたび、モーリを思い出し、自分を戒めている。

戦術
54 > 「紙」から始める

　スプリントでは、ラップトップの電源を切って紙とペンを使ったほうがよい仕事ができることがわかった。個人プロジェクトも同じだ。

　紙に向かうと集中力が高まる。

　ハイライトそっちのけで完璧なフォントを探したりネットを検索したりして時間を無駄にしなくなる。

　また、**紙のほうが気の向くままに取り組める。**

　ソフトではソフトの機能に従って仕事を進めることになるが、紙は自分の好きな方法で考えをまとめることができる。

　それに、**紙に書くほうが可能性が広がる。**

　ワードはテキストや直線、パワーポイントはグラフや箇条書きを使うようにデザインされているが、紙の上ではどんなこともできる。

　今度レーザーモードに入れないときがあったら、パソコンやタブレットをしまって、ペンを手に取ってみよう。

レーザー戦術

ゾーンにとどまる

戦術55
▼
「ふとした疑問」を書きとめる

戦術56
▼
「ひと呼吸」を意識する

戦術57
▼
「退屈」を味わう

戦術58
▼
行きづまる

戦術59
▼
1日休む

戦術60
▼
「一意専心」する

ハイライトに
注意を向け続けるには？

レーザーモードには一度入るだけでは十分ではない。ゾーンにとどまり、ハイライトに注意を向け続けなくてはならない。だが、**集中するのは大変だから、つい気を散らすものに手を出したくなる**。

僕らが誘惑を断ち切り、本当に大事なことに集中するために使っているテクニックを紹介しよう。

戦術 55 〉「ふとした疑問」を書きとめる

　スマホやブラウザに触りたくてうずうずするのは仕方のないことだ。新しいメールが来ていないか気になる？[15]　あの映画に出ていた俳優が誰だったのかどうしても調べたい？[16]　うずうずするたび反応する代わりに、ふとした疑問を紙に書きとめるようにしよう（ウールの靴下はアマゾンでいくら？　誰かフェイスブックを更新した？）。どうしても知りたい疑問が浮かんでも、あとで調べられるとわかっているなら、安心してレーザーモードにとどまれる。

戦術 56 〉「ひと呼吸」を意識する

　ひと呼吸の身体感覚に注意を払おう。

１. 鼻から息を吸って、空気が肺を満たす感覚に意識を集中する。

２. 口から息を吐いて、体がゆるむ感覚を意識する。

　なんなら繰り返してもいいが、ほかのことに向かいそうになった注意をいったんリセットするには、ひと呼吸で十分だ。身体に注意を向けることで、脳内の雑音を静めることができる。

　ひと呼吸するあいだ手を止めるだけで、注意を本来向けたいところに、つまりハイライトに戻すことができる。

＊15── ああ、来ているよ。
＊16── ピアース・ブロスナンだ。

戦術
57 〉 「退屈」を味わう

　気を散らすものがなくなると退屈するかもしれない。でも、じつは退屈はいいことだ。退屈すると心がさまよい、それをきっかけにおもしろい世界に足を踏み入れられることも多い。

　ペンシルベニア州立大学と、セントラル・ランカシャー大学による別々の研究で、退屈している被験者はそうでない被験者に比べ、創造的な問題解決能力が高まることが示された。

　だから、今度刺激が足りないと感じたら、そのまま座っていよう。そんなの退屈だって？　そりゃよかった！

（研究者が被験者をどうやって退屈させたのかが気になる――僕らのような――人のために書いておくと、ペンシルベニア州立大学はひたすら退屈なビデオを見せ、セントラル・ランカシャー大学は電話帳の番号を書き写させた。研究者ってひどい）

戦術
58 〉行きづまる

行きづまりの状態は、退屈とはほんの少し違う。

退屈なときは何もすることがないのに対し、行きづまったときは、**自分が何をしたいかは完璧にわかっているのに、どう進めばいいかを脳がわかっていない**。次に何を書けばいいのかわからない、新しいプロジェクトのどこから手をつけていいのかわからない、など。

このお手上げ状態を脱する安直な方法は、別のことをすることだ。スマホをチェックする、メールを書く、テレビをつける。

たしかにそうするのは簡単だが、せっかくハイライトのためにつくった時間に食い込んできてしまう。

それよりは、むしろ行きづまったままでいよう。あきらめない。**空白の画面を見つめたり、紙に切り替えたり、歩きまわったりしてもいいが、手元のプロジェクトに集中し続ける。**

意識レベルではもどかしく感じていても、脳内の冷静な部分は処理と前進を続けている。

そうしているうちに必ず行きづまりから脱するので、あきらめなくてよかったと思うはずだ。

レーザー戦術：ゾーンにとどまる　201

戦術
59 > 1日休む

　これらの戦術を試したのにレーザーモードに入れない場合、自分を責めてはいけない。休息が必要なのかもしれない。エネルギー、とくに**創造のエネルギーは変動しやすく、補充に時間がかかることもある**。

　好きなときに休みなんて取れないという人も多いと思うが、**「無理しなくていい」と自分に許可を与える**ことはできる。

　まる1日、本当に心が安まることをしてすごしたり（戦術80）、ハイライトを、自分の充電になるような楽しいハイライトに切り替えたりしよう。

戦術
60 〉「一意専心」する

　休息も大事だが、もうひとつ方法がある。これは正真正銘の現代の修道僧が教える戦術だ。

> 疲労を癒やすのは休息とは限らない。
> 疲労の特効薬は一意専心だ。
> ―― デヴィッド・スタインドル = ラスト（修道僧）――

　この「一意専心」という考えを説明しよう。

　一意専心とは、すべてを捧げ、全力を尽くすことだ。自分のブレーキを外して、仕事や人間関係、プロジェクトなどに全身全霊を傾ける。「いまこの瞬間」に情熱と誠意をもって全力で飛び込むのだ。

　一意専心は、「いまここに意識を向ける」「集中する」「大事なことのために時間をつくる」といった、この本の中心テーマのすべての根幹をなしている。そしてブラザー・デヴィッドの説く一意専心は、（少なくとも僕らにとっては）レーザーモードに取り組む新しい方法でもある。

疲れ果てていても、 がむしゃらに「集中」してみる

　心身を休めることはたしかに大切だが、疲れ果てて集中できないからといって、必ずしも休む必要はないとブラザー・デヴィッドは言う。**力を振りしぼっていまのタスクにがむしゃらに取り組**

レーザー戦術：ゾーンにとどまる　203

めば、集中できるかもしれない。必要なエネルギーが自分にすでにあることを知るかもしれない。

過激なようだが、僕らはこれが起こるのを何度も見ている。スプリントでは、仕事に一意専心するチャンスを得たチーム、つまり本当に大事なプロジェクトにようやく集中できる時間を迎えたチームは、エネルギーに満ちあふれている。また僕ら自身、これを経験している。

Jake

僕がスマホからすべてを削除したあの夜に経験したのが、まさにこれだった。それまでは子どもと遊ぶことと、スマホを見ることに注意が分散していた。斜に構えてエネルギーを出し惜しみしていた。

でも子どもに真剣に向き合い、木製レールをつないで「シュッシュッポッポ」という音を立てることに一意専心すると、疲れはどこかに消えていった。

JZ

僕はセーリングに出るたび、これを感じる。周囲を警戒し、揺れる船上を動き回り、2、3時間ずつ交代で睡眠をとるのはとても疲れることだが、一意専心できる経験だ。

どんな気分のときも、海に出れば全身全霊で航海に向き合わざるを得ない。すると疲れやストレス、不安は吹っ飛んで

しまう。

「本気になれる機会」を探す

一意専心は楽じゃない。無限の泉や多忙中毒に反応していると
きは、なおさら難しい。またいつも「クールに決めている」人
は、すべてをかなぐり捨てて全力投球できるようになるまで、少
し練習が必要かもしれない。

だがおそらくいちばんの妨げは、自分の心がタスクに本気で向
き合っていないことだ。たとえば自分に合わない仕事をしている
ときなどがそうだ。

現にブラザー・デヴィッドの上記の言葉は、そういう状況の人
に向けられたものだ。仕事で燃え尽きて疲れ果てた友人に、仕事
を辞めて自分の情熱に向き合いなさいと説いたのだ。

僕らはあなたに仕事を辞めるよう勧めているわけじゃない。た
だ主体的になり、情熱をもって取り組める機会を探すことが大事
だと考えているのだ。

刺激的な時間の使い方をしていると、一意専心はそう難しいこ
とではなくなる。

レーザー戦術：ゾーンにとどまる　205

CHARGE

チャージ

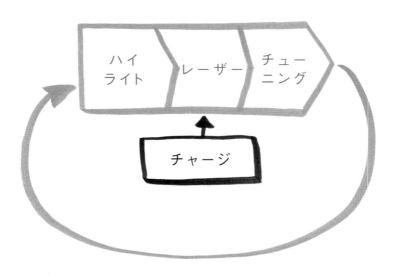

> 大学教授は好きですよ、でもなんというか……
> 彼らは自分の体を、
> 頭を運ぶための乗り物として見ていますよね？
> 体は頭を会議に連れて行く乗り物なんです。
> ——サー・ケン・ロビンソン（教育学者）——

　ここまで説明してきたのは、労力を注ぐ対象を決め、予定やデバイスを調整し、気を散らすものを遮断して注意力を高めることによって、時間をつくる方法だ。

　だが時間をつくる方法にはもう1つ、もっと根本的なものがある。エネルギーを日々高めることができれば、心身の疲れのせいで無駄になっていたかもしれない時間を、ハイライトのために利用できるのだ。

あなたのなかには「バッテリー」がある

　あなたの体内にバッテリーがあると想像してほしい。バッテリーにはあなたのエネルギーが全部入っていて、スマホやラップトップのバッテリーのように、フル充電すれば100％、空(から)まで使い切れば0％の状態になる。

　バッテリーが空のときは、完全に消耗し切った状態だ。あなたは精根尽き果て、落ち込んでいるかもしれない。**フェイスブックやメールなどの無限の泉にいちばん気が散りやすいのが、この状態のときだ**。そして疲れているうえに、時間を無駄にした自分に腹が立って、さらに気が滅入る。これが0％の状態。最低だ。

CHARGE 209

次に、バッテリーがフル充電されたときの気分を想像してほしい。足取りは軽く、体は休まり、頭は冴え渡り、感覚が研ぎ澄まされ、体に元気がみなぎっている。どんなプロジェクトでも取り組める気がするし、早く取り組みたくてたまらない。
　そんな気分をイメージできるだろうか？　結構いい感じだろう？　これが100%の状態だ。

「ハイライトを選ぶ」ことと、「レーザーモードに入る」ことが、メイクタイム戦術の核心だ。
　だが、秘伝のソースは「チャージ」、つまりエネルギーを高めることにある。
　それは単純な事実に基づいている。つまり、エネルギーがあるときは集中力を維持し、優先順位を守り、気を散らすものや他人の要求に反応するのを避けやすい。
　だからバッテリーが満タンだと、いまここに集中し、明晰な頭で考え、目の前のことにデフォルトで反応せず、大事なことに取り組み続けることができる。
　集中を維持し、脳をフル回転させておくだけのエネルギーを得るには、体をケアすることが欠かせない。脳と体がつながっているのはもちろん誰でも知っているが、現代生活では「大切なのは脳だけ」と感じがちだ。
　会議室にいるときや車を運転しているとき、パソコンを使っているとき、スマホをいじっているとき、人は自分の脳内で生きている。もちろん指で画面をタップし、おしりでイスに座ってはいるが、ほとんどの場合、体は脳を運ぶための効率的だがぎこちない、セグウェイみたいな乗り物のように思われている。

脳にいい「チャージ」の方法を徹底研究した

「脳と体はまったく別のもの」という認識は幼いころにできあがり、その後もことあるごとに強化される。

僕ら2人は子ども時代（ジェイクはワシントン州の田舎、JZはウィスコンシン州の田舎で）、数学や英語、社会の勉強で脳を鍛え、体育の授業やスポーツチームで体を鍛えた。2つの別々の世界だ。脳はこっちで、体はあっち。

大学に上がると脳の出番が増え、体育は必修科目じゃなくなった。オフィスでのフルタイム勤務が始まると、脳はますます多忙に、予定はますますいっぱいになり、体のケアはますますおろそかになった。

だから僕らはほとんどの人と同じことをするようになった。体はそっちのけで、脳を効率よく働かせるためのツールやコツを片っ端から試すようになったのだ。2つの別々の世界。脳はこっちで、体はずっとあっち。

現代世界のデフォルトでは、脳がすべてをコントロールしていることになっているが、そうは問屋が卸さない。体をケアしなければ脳は働かない。昼に食べすぎたあと、だるくて頭がぼーっとしたり、運動のあとで頭がスッキリした経験がある人は、どういうことかわかるだろう。脳のエネルギーを生み出すには、体のケアが欠かせないのだ。

でも、どうやって？　エネルギーを増やす方法を指南する科学研究や本、ブログ記事、トークショーは星の数ほどある。正直言って混乱させられることも多い。睡眠を増やすべきか、それとも眠らずにすむように鍛えたほうがいいのか？　有酸素運動がベ

CHARGE 211

ストか、それとも筋トレか？

　おまけに科学界のコンセンサスが変わったら——たとえば健康の敵といわれていた脂肪が、いまではむしろ体にいいといわれるようになるなど——どうするのか？

　これまで僕らは時間をつくるという究極の目標のために、脳を働かせるエネルギーを蓄えるための最良の方法を求めて、ちまたの健康法をできる限り理解しようと努めてきた。

　そして最終的に結論に達した。**エネルギーを増やす方法について知るべきことの99％は、人類史にある。**

　これを知りたければ、過去にタイムトラベルするだけでいい。

◆　　　◆　　　◆

　——サーベルタイガーのほえる声で目が覚めた。

　ここはいったいどこだろうと思いながら、あなたは目をこすり、伸びをする。あなたが横たわっているのは、うっそうとした森の外れの草むらで、木々のすき間から夜明け前の薄明かりが差している。ふと見ると、脇にこんなメモが置かれていた。

> **ハーイ！ あなたは5万年前の
> 過去に飛ばされました。**

　胃がキリキリ痛み、頭がぼんやりしてきた。カプチーノとクロワッサンの気分なのに、イタリアもフランスもあと数万年経たないと発明されない。どこか遠くの丘のほうから別のほえ声が聞こえてきた。最低の1日になりそうだ。

ところが……そうはならなかった。

まず最初に、この土地の狩猟採集民、グルルと出会った。グルルの風貌は、僕らが想像するステレオタイプな原始人だ。ライオンの毛皮を身にまとい、ヒップスター顔負けの立派なあごひげを生やしている。

グルルはあなたを見て仰天し、身構えて石斧を振りかざす。でもあなたのおかしな服と髪形をよく見て、大した脅威じゃないと判断する。グルルは笑い、あなたはほほえみ、2人は打ち解ける。

グルルは振る舞いは粗野だし、ライオンの毛皮はひどい悪臭だが、付き合ってみればいいやつだった。あなたは狩猟採集民の仲

間に紹介され、ベリー摘みの遠征に連れて行かれる。広大な土地を何キロも歩き、日が暮れるころにはくたびれ果てている。

　仲間たちと鹿肉の夕食を囲み、それからふかふかのマンモスの毛皮に潜り込んで、星空を見上げながら何年かぶりに深い眠りに落ちた。

　それからの数週間で、狩猟採集民の仲間に基本技術を教わる。自分の石斧をつくり、毒草を見分け、シカを投槍を持つ仲間のほうに追い込む方法を学ぶ。

　毎日何キロも歩く。それでも毎日休息をとり、仲間と食事をし、1人で槍を尖らせたり夢想したりする時間はたっぷりある。体力がつき、心に余裕ができる。

　ある晩、いい感じの洞窟で仲間とキャンプをしているとき、あなたはひらめく。「なあ、みんな」とあなたは言う。「この壁に絵を描いたらすごいぞ！　誰か一緒にやらないか？」

　もちろん言葉がわからないから誰も返事をしない。でもあなたは気にしない。いつか絵が描けるようになりたいと夢見てきた。ついに明日から時間をつくって始められるぞ——。

◆　　　◆　　　◆

僕らの心身は「古代人」と変わらない

　21世紀にお帰りなさい！　心配しないでほしい、原始人のようにカシューナッツ中心の食事をしろとか、鹿皮のパンツだけはいて裸足で走れだなんて言わないから。

　グルルの話をしたのには重要な理由がある。先史時代の人間に

は、体と脳について学ぶべきことがたくさんあるのだ。現代世界のペースに疲れ果てたら、**ホモ・サピエンスは画面のタップや書類書きではなく、狩猟採集に向いた体に進化してきた**ということを思い出そう。

先史時代の人間は多種多様なものを食べ、まともな食事にありつけるまでまる1日（かそれ以上）待つことが多かった。つねに動いている状態があたりまえだった。歩き、走り、ものを運び、その合間に短く激しい活動をした。

それでも余暇や家族のための時間はたっぷりあった。**当時の人間の労働時間は週30時間ほどだった**と人類学者は推定している。彼らは結束の固い社会のなかで暮らし、働いた。意思を伝え合うには直接会うしかなかった。もちろん、暗くなれば眠り、日の出とともに起きたから、睡眠は十分とっていた。

僕らはそんな古代人の子孫だが、**世の中の変化のスピードに心身の進化が追いついていない**。いまもまだ僕らの心身は、つねに動きまわり、変化に富んだ少なめの食事をとり、静かな時間をもち、人に囲まれてすごし、1日のリズムに合わせて安らかな睡眠をとるライフスタイルを送るようにできているのだ。

現代世界は快適とはいえ、当時とはまったく異質なライフスタイルがデフォルトになっている。食べものはラップに包まれて出てくるし、睡眠時間は付け足しのように、1日のすき間につめこまれている。何がどうしてこうなったのか？

古代と現代の「いいとこどり」をする

ホモ・サピエンスがアフリカに出現したのは、約20万年前といわれる。その後の18万8000年のあいだ、誰もが同じ肩書き

（狩猟採集民）のもとで、グルルと変わらない生活を送っていた。

　しかし約1万2000年前に農耕が始まり、ほとんどの人が狩猟採集型の暮らしを捨てて、村や町に定住した（「農業革命」というと、天才による発明のように聞こえるが、この転換はおそらく偶然の産物で、何世代にもわたって徐々に起こった）。

　狩猟採集生活に比べると、農作業と村での生活は過酷だった。**余暇時間は急減し、暴力と疫病が急増した**。だが残念なことに、もうあと戻りはできなかった。*1

　人間はその後も前進を続けた。数世紀かけて薪（まき）から化石燃料に移行し、蒸気と電気を操る力を手に入れた。そして2世紀ほど前、**いきなりタガが外れたような激変が始まった**。

　人間は工場を建設した。テレビを開発してそれに夢中になり、毎日のテレビ時間に合わせて睡眠習慣を変えた。家庭用コンピュータやインターネット、スマートフォンを発明した。新しい発明品が出るたび、それに合わせて生活を変え、そのたびあと戻りはできなくなった。

過去20万年の歴史
何も変わらない日々が続き、
それからすべてが一気に変わった

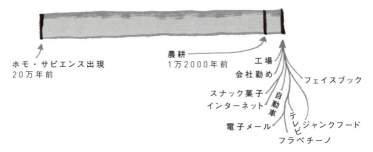

*1── ユヴァル・ノア・ハラリは『サピエンス全史』（河出書房新社）で、農業革命とその意図せざる（が不可逆的な）影響を興味深く説明している。

今日の世界は、天才が計画したユートピアなんかじゃない。過去数百年、数十年、数年間に開発され、定着したテクノロジーによって、たまたまいまのようなかたちになったにすぎない。

僕らはある世界に適応した心身をもっているのに、それとはまったく違う世界で暮らしている。スマートウォッチやしゃれたヘアスタイル、工場製のデザイナージーンズを取っ払えば、本質はグルルとなんら変わらない。

なら、原始人の脳と体に、現代の仕事に必要なエネルギーを補給するにはどうしたらいいのか？

科学者や健康法の主唱者、ハック本の著者（コホン）らによる、ややこしく過剰でしばしば矛盾するアドバイスの海におぼれそうなとき、グルルが灯台になる。グルルの生活をまねれば、基本に立ち返ることができる。人間の進化に合ったライフスタイルに少し近づけるが、現代世界のすばらしいものをすっかりあきらめることもない。

誤解しないでほしいのだが、先史時代は楽しいことばかりじゃなかった。グルルは抗生物質もチョコレートも手に入れられなかったし、棒で歯を磨いていた。でもグルルのような活動をほんの少し取り入れれば、21世紀の文明社会と原始の自分のいいとこどりができるのだ。

古代人式「エネルギー・チャージ」6つの原則

「基本に立ち返る」という原則には、大きなポテンシャルがある。現代の生活は、人間の体の原始的な性質とあまりにもアンバランスだから、その分改善の余地も大きいのだ。

投資対効果がいちばん高い方法、つまり最小限の変化で最大限

CHARGE 217

の効果が得られる手法は、次の原則に沿ったものだ。

1 動き続ける

グルルはいつも歩き、ものを運び、持ち上げ、働いていた。**人間の脳と体は、動いているときがいちばん効率よく機能する。**

体のバッテリーを充電するといっても、マラソンの練習をしたり夜明け前のブートキャンプに参加しなくていい。たった20〜30分運動するだけで、脳がよく働き、ストレスが減り、気分がよくなり、そのうえ睡眠の質も高くなって、翌日のためにエネルギーを蓄えられる——**ゴキゲンな好循環**だ。日常に運動を取り入れるための方法を、このあとたくさん紹介する。

2 「リアルフード」を食べる

グルルは野菜や果実、木の実、動物など、見つけられるもの、つかまえられるものを何でも食べた。**いまの世の中は人工食品や加工食品にあふれている。**食事を全面的に見直そうとは言わないが、デフォルトをフェイクフードから、グルルのようなリアルフード主体の食生活に変えるための戦術をいくつか紹介しよう。

3 「カフェイン」をうまく使う

ああ、わかってる、先史時代にはコーヒーショップなんてなかった。でも脳と体の話が出たついでに、カフェインについてもふれておきたい。**カフェインはエネルギーレベルを改善するのに利用しやすい手段**なのだ。

4 喧騒を離れる

グルルの世界では、ほとんど何事も起こらなかった。たまのマ

ンモスとの戦いを除けば、緊急ニュースなんてなかった。静かな生活があたりまえだった。人は静けさにただ耐えるだけでなく、その時間を生かして生産的なことを考え、集中して仕事をしていた。

騒音と気を散らすものにあふれる今日の世界は、エネルギーを奪い、集中力を損なう。デジタル画面なしの休息をとる、ヘッドホンを置いて出かけるなど、静寂の時間をつくる簡単な方法を紹介しよう。

5 親密な時間をすごす

社会的動物のグルルは、仲間と顔を突き合わせて暮らしていた。デジタル画面を通したやりとりが主流のいま、あえて昔風のやり方をすることもできる。**自分のバッテリーを充電してくれる人を探し、直接会おう。**これは旧石器時代から伝わる、簡単に気分を上げる方法なのだ。

6 洞窟で眠る

ミシガン大学の2016年の研究によると、アメリカ人はイギリス人やフランス人、カナダ人と同様、毎晩約8時間の睡眠をとっている。でも一見十分に思える睡眠時間を確保しているのに、ほとんどの人は睡眠が足りていないと感じている。いったいなぜだ？ **睡眠は量より質が大切**なのだ。

現代はデジタル画面から過密スケジュール、カフェインまで、熟睡を妨げるものにあふれている。グルルは毎晩規則正しい時間をすごし、暗闇のなかで眠り、昼間のメールのことを考えて悶々と夜を明かすこともなかった。グルルにならって体を休め、気分を高め、思考を明晰にする方法を説明しよう。

CHARGE 219

もちろん、「運動しよう！」「健康的な食事をしよう！」「原始人のように暮らそう！」なんてアドバイスは、言うほど簡単じゃない。

　だからこの本では**抽象哲学を超えて、こうした原則を実行に移すための、とても具体的な方法を説明する**。それじゃ、バッテリーをコンセントに差して充電を始めよう。

チャージ戦術

動き続ける

戦術 61 ▼ 毎日運動する（でも頑張りすぎない）

戦術 62 ▼ 歩きまわる

戦術 63 ▼ 「めんどくさいこと」をする

戦術 64 ▼ 「超短ワークアウト」をねじこむ

戦術
61 〉 **毎日運動する**
（でも頑張りすぎない）

たまにやることより、毎日やることのほうが大切だ。
── グレッチェン・ルービン（作家）──

バッテリーを充電するには、体を動かすのがいちばんだ。でも難しいワークアウトを延々とやる必要はない。

僕らの原則はシンプルだ。

1 〉 **運動は20分ほどでいい**

運動の最も重要な効果である、認知機能と健康、気分の向上は、たった20分の運動で得られることが研究からわかっている。

2 〉 **毎日やろう**

エネルギーと気分の向上効果は約1日持続するから、毎日いい気分でいたければ、毎日運動しよう。おまけに、毎日の習慣はときどきの習慣より続けやすい。[*2]

3 〉 **少しでもできたら自分をほめる**

完璧を求めてストレスをためないように。7日のうち4日しか運動できない週があっても、4日は3日よりいい！　20分もワークアウトする気になれない日は、10分でいいから体を動かそう。

*2── 休息日が必要なのはもちろんだが、毎日やるつもりでも、予定や天気などの関係で運動できない日が必ず出てくる。それに休息日だって散歩くらいはできる。

ウォーキングやランニング、水泳を 10 分だけするつもりが、気持ちよくて 20 分以上続けてしまうこともある。**体を動かし始めると、やめたくなくなる**のだ。

仮に 10 分でやめたとしても、それでもすごい。まったくやらないよりいいし、10 分でもエネルギーレベルは向上する。[*3]

また、専用のウェアを着てワークアウトに参加すると、習慣が強化され、もっと長いワークアウトをやろうという意欲が湧きやすくなる。

がっつりやるより「小さく続ける」

「やりすぎない」方針をとるには、頭の切り替えが必要だ。

なぜなら、**ほとんどの人が、運動はこうあるべきという先入観を持っている**からだ。そうした観念はたいていエゴと深く結びついている。

ランナーやスイマー、あるいはバスケのプレイヤーやロッククライマー、ヨガ行者、サイクリストなど、自分のことをどう考えているにせよ、みな、多くの場合、「本物の運動」とはこういうものだという偏った考え方をしている。

たとえその理想的な「本物の運動」は自分の生活に取り入れようがなくても、**それに満たないものは運動のうちに入らないと決めつけている。**

*3── 運動と脳に関する研究はとても興味深い。たとえばオランダ・ラドバウド大学の 2016 年の研究によると、運動には短期記憶を高める効果があり、しかも運動をする何時間も前に学習した内容についても記憶向上効果が確認された。コネチカット大学の 2017 年の研究では、軽い運動（散歩など）には心理的健康を促進する効果があったが、激しい運動にはよい影響も悪い影響も認められなかった。この手の研究はいくらでもある。ほんの少しの定期的な運動が脳に与える影響を科学的にくわしく（かつおもしろく）説明した本として、ジョン・メディナの『ブレイン・ルール』（ＮＨＫ出版）がオススメだ。

チャージ戦術：動き続ける　223

また現代文化は、運動に対する非現実的な期待を人々に抱かせがちだ。

　スポーツシューズのメーカーは、「もっと多く、もっと速く、もっとうまくやれ」とハッパをかける。雑誌の見出しは、腹筋を割り、体幹を鍛えろと煽る。マラソンランナーはフルマラソン完走のステッカーを車に貼って自慢し、ウルトラマラソンのランナーは「50」や「100」のステッカーで、軟弱な普通のマラソンランナーにマウントしてくる。

　僕ら凡人はどう考えたらいいのか？　ウルトラトライアスロンのトレーニングをしたり、18輪トレーラーにつないだチェーンを歯で引っ張ったりしなければ運動をしたうちに入らないのか？

　答えは「ノー」だ。ウルトラマラソンのランナーには幸運を祈り、さっさと忘れてしまおう。小さく、毎日――できるだけ毎日――続けよう。

　毎日の無理のない運動に切り替えると、自慢話ができなくなるかもしれない。無理なく続けられるワークアウトのせいで、理想の「本物の運動」ができなくなるかもしれない。

　このように頭を切り替えることは簡単じゃない。僕らはあなたの代わりに切り替えてあげることはできないが、あなたに許可を出すことはできる――完璧じゃなくても大丈夫。

　そんなことであなたの価値は下がらない。運動の方法であなたの真価は計れない。

Jake

「オール・オア・ナッシング」病

　僕は昔、自分のことを本格的なバスケットボールプレー

ヤーだと思っていた。週に4日、3時間ずつバスケをしなければ、本当に運動をしたことにならないと思っていた。

でも子持ちで仕事持ちだと、とてもそれだけの運動は続けられない。だからときどき思いっきりバスケをやった。何日か連続で数時間プレーし──疲れ果ててケガをし、仕事にまで支障をきたすことも多かった──その後の数週間、数か月間はまったく運動せず、ひどい罪悪感にかられた。オール・オア・ナッシングだ。

運動に対する考え方が変わったときのことを、いまも覚えている。あれはバスケを3時間やって、オフィスに戻ったときだった。ねんざした足首を引きずって歩き、頭も体もボロボロの状態でデスクに崩れ落ちた。仕事のエネルギーなんか残っていなかった。パソコンのマウスが4、50キロもの重さに感じられた。

そのとき僕の心の目に、前日の朝の光景がフラッシュバックした。僕は幼い息子に新鮮な空気を吸わせようと、ベビーカーを押しながら近所を10分ほどジョギングした。僕のアスリートとしてのプライドが「運動」とは認めない、軽いエクササイズだ。

ちょっと走っただけじゃ運動のうちに入らない。なのにジョギングしたその日、僕は元気いっぱいで職場に着き、数時間集中して、重要なデザインプロジェクトを終わらせることができたのだ。

「まいったな」と僕は思った。「やり方を変える必要があるぞ」

バスケはたしかに楽しいし、いい運動になる。でも毎回張り切りすぎたあげく、疲れ果ててケガをしていた。

チャージ戦術：動き続ける　225

▶ 「軽い運動」だから続けられる

　この瞬間から、僕はワークアウトのハードルを下げ、ほんの少しでも運動できたら自分をほめることにした。バスケができないとき（と、やらないほうがいいとき）、つまりほとんどの日は走ることにし、走れないときはなんと散歩する。

　僕の経験したことは、科学研究とも一致する。

　軽く運動した日は気分がいい。ストレスが減り、力がみなぎり、概して幸福度が高まる。それに毎日の適度な運動習慣は、死にものぐるいの運動とは違って、長く続けられる。ランニングやウォーキングは僕の習慣として定着し、やがて無意識にやるようになった。

　いまでもバスケはたまにするが、それだけが運動だとはもう思わない。そして毎日少しだけ運動することを自分に許可したおかげで、前よりずっと充実した生活を送っている。

戦 術

62 〉 歩きまわる

　人間は歩くように生まれついている。人間は直立歩行の能力を手に入れたことで、脳も巨大になり賢くなっていった。

　だが現代の世界は動力付きの乗り物がデフォルトだ。ほとんどの人は車やバス、電車を使って必要な場所に行けるから、「歩かない」ことが簡単になりすぎて、エネルギーを蓄える絶好の機会を逃している。

　ウォーキングはとびきり、べらぼうに心身にいいのだ。ハーバード大学とメイヨークリニック（など）の報告によると、ウォーキングには体重を減らし、心臓病を防ぎ、がんのリスクを低下させ、血圧を下げ、骨を強くし、鎮痛作用のあるエンドルフィンの分泌を高めて気分を高揚させる効果がある。

　ひとことで言うと、ウォーキングは「奇跡の薬」なのだ。

歩くと「思索の時間」を増やせる

　それに、歩くことで思索や夢想、瞑想の時間ができる。JZはよくウォーキングの時間を使って、ハイライトの計画を立てたり考えを練ったりする。本の新しい章やブログ記事、ストーリーの構想を練り始めることもある。

　とはいえ、必ずしもウォーキングを禅の時間にする必要はない。ポッドキャストやオーディオブックを聞くのもいいし、電話してもいい（歩く場所によってはうるさくてまじめな話ができないかもしれないが、母さんの声を聞くだけなら十分だ）。

チャージ戦術：動き続ける　227

毎日の散歩を「余分な用事」にしなくていい。いつもの交通手段に乗る代わりに歩いてみよう。遠すぎるなら一部でいい。1つ手前の駅や停留所で電車やバスを降りて歩こう。車で大きな駐車場のあるところに行ったら、便利な駐車スポットを探すのをやめて、できるだけ遠くに停めよう。

　デフォルトを「なるべく乗り物に乗る」から「なるべく歩く」に変えれば、歩くチャンスがどこにでもあることに気づく。

　ウォーキングは世界一シンプルで手軽な運動だが、簡単なわりに強力な充電機能を持っているのだ。

歩くと時間が増える

　2013年に、職場が郊外から都心に移転した。自宅から3キロちょっとの場所だ。だから徒歩通勤を始めることにした。やらない理由はないだろう？　サンフランシスコの気候はいいし、バスは混んでいるし、都心の駐車料金はとても払えない。

　ウォーキングが日課になると、びっくりするような変化があった。徒歩で会社に行くと「時間が増える」感じがするのだ。実際は徒歩のほうが、バスや車を使うより時間がかかるのだが、そんなふうに感じなかった。歩くことで、考えごとをしたり、頭のなかでハイライトに取り組んだりする時間ができたからだ。

戦術 63 ＞ 「めんどくさいこと」を する

　ああそうだ、たしかにそこらじゅう歩きまわるのはとてもめんどくさい。でも、あえて骨の折れることをしよう。

　不便なことをあえてすると、ジム以外の場所で体を動かす機会が簡単に見つかる。ただデフォルトを「便利なこと」から「元気が出ること」に変えるだけでいい。

　たとえばこんなふうに。

1　夕飯をつくる

　食料品を買って家まで運び、キッチンを歩きまわり、ものを持ち上げ、刻み、かきまわす──どれも体を動かすことだ。

　「料理は瞑想」だと言う人もいる。思索や内省の時間をつくるのにうってつけの方法だ。それに料理は純粋に楽しいし、友人や家族とすごす（戦術81）口実にもなる。

　おまけに外食より手料理のほうが健康的だから、さらに元気になれる。

2　階段を使う

　エレベーターはとても便利だが、どこか気まずいだろう？　どこを見ていればいいのか？　経理部のあいつに挨拶したほうがいいのか、スマホから目を離さないほうがいいのか？

　階段を使って動き続ければ、こういうことで悩まずにすむ。

＊4── 経理部員には何の恨みもない。経理部員は大好きだ！

チャージ戦術：動き続ける　229

3 キャスターなしのスーツケースを使う

　転がすタイプのスーツケースはやめて、荷物は手に持って運ぼう。ジムの代わりに空港でやる、ミニ筋トレだと思おう。めんどくさいことをする機会はどこにでも転がっている！

　ちょっと待った。キャスター付きスーツケースは人類にとって火以来の大発明だ。僕は手放すつもりはないぞ！

　ここで再度断っておこう。
　もちろん、僕らにも本音と建前がある。僕らは出前アプリからエスカレーター、車まで、便利なものが大好きだ。現代生活の便利なものを完全に排除すべきだとは言わない。ただ、ときどきは「ノー」と言って、便利を生活の「デフォルト」にせず、「意識的に選ぶべきもの」にしよう。

　戦術を全部使う必要はない。僕らだってそんなことはしていない。

戦術 64

「超短ワークアウト」をねじこむ

「うますぎる話」のなかには、うますぎるのに「本当にいい」話が存在する。僕らの好きな高負荷インターバルトレーニング、その名も「超短ワークアウト」もその1つだ。

このエクササイズでは、短時間で負荷の高い数種類の運動を順番に行う。これは腕立て伏せや懸垂、スクワットなど、自分の体重で負荷をかけて行う、自重エクササイズでもいい。短距離走やダンベルトレーニングでもいい。たった5〜10分で本格的なワークアウトを完了できる。

超短ワークアウトが最高なのは、活力がみなぎることだ。「本物の運動」の簡易バージョンなんかじゃない。実際、高負荷運動は、一般に望ましいといわれている長めの中負荷運動よりも、全体として効果が高いことが実証されている。

「ニューヨーク・タイムズ」紙はいくつかの新しい科学研究をまとめて、こう書いている。「7分程度のキツめの運動は、軽い運動を1時間以上かけて行うより効果が高いようだ」。短い時間で、お金をかけず、道具も使わずに、高い効果が得られるなんて、たしかにうますぎる話だ。

この夢のようなワークアウトは、グルルの世界に照らして考えれば納得がいく。ものを持ち上げ、押し、登り、引っ張るといった動作は、グルルの生活では日常茶飯だった。超短ワークアウトだけが運動のすべてになってはいけないが、自分のバッテリーをすばやく手軽に充電するのに向いている。

試してみたい人のために、やり方を2つ紹介しよう。

チャージ戦術：動き続ける　231

7分間ワークアウト

　アメリカスポーツ医学会が2013年に「ヘルス・アンド・フィットネス・ジャーナル」に発表した論文によれば、「7分間ワークアウト」とは、12種類の簡単で短く、科学的に効果が実証された運動を、たった7分間で終わるルーチンに組み入れたものをいう（30秒の運動の合間に10秒ずつの休憩をはさむ）。

JZの3×3ワークアウト

またJZのように、もっとシンプルにもできる。週3回、次の3ステップを完了する。

1. 腕立て伏せをやれるだけやって1分休む
2. スクワットをやれるだけやって1分休む
3. リフト（持ち上げ）をやれるだけやる

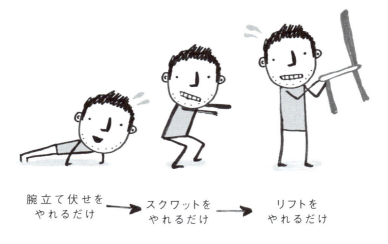

腕立て伏せを　→　スクワットを　→　リフトを
やれるだけ　　　やれるだけ　　　やれるだけ

「家にあるもの」を持ち上げる

鉄棒を使うために公園まで行く時間がないとき、僕は家にあるものを持ち上げる。イス、本を入れた袋、切り株でつくった小さなサイドテーブルなど。荒っぽいが、ワークアウ

トを短く簡単にすませる方法だ。

　それに（ダンベルやトレーニングマシンのハンドルなどではなく）その辺のものを使うのは、祖先たちが実際に筋肉を使っていた方法──ものを持ち上げる、運ぶ、押すなど──に近い。

自分で自由に「アレンジ」する

　飽きないように、いろいろ変えて実験するといい。エクササイズを最初キツいと感じた人も同じだ。

　普通の腕立て伏せが難しければ、インクラインプッシュアップ〔床ではなくイスや台などに手を置いて行う腕立て伏せ〕にしてもいいし、普通のスクワットでは物足りないという人は、片脚スクワットをやってもいい。

　ネットで「腕立て伏せ　バリエーション」「スクワット　バリエーション」「懸垂　バリエーション」などと検索すれば、いろんなヒントが見つかる。

チャージ戦術

「リアルフード」を食べる

戦術65 ▼ 「狩猟採集民」のように食べる

戦術66 ▼ 「セントラルパーク盛り」にする

戦術67 ▼ ハングリーであれ

戦術68 ▼ 子どものように「おやつ」を食べる

戦術69 ▼ 「ダークチョコレート主義」を通す

戦術 65 > 「狩猟採集民」のように食べる

　これは僕らのヒーロー、食の愛好家で作家のマイケル・ポーランに捧げる戦術であり、彼の方法の臆面もないパクリでもある。

　ポーランは著書『ヘルシーな加工食品はかなりヤバい』（青志社）のなかで、「われわれ人間が最高に健康でいるためには何を食べたらいいのかという、とてもややこしく難しいと考えられている問題」に次のような答えを出した。

「自然のままの食品を食べよう。ただし、食べすぎないように。野菜中心の食事をしよう」

　僕らはポーランの著書を読んで感銘を受け、彼のアドバイスを実践した。リアルフード、つまりグルが知っているような**野菜や果物、ナッツ、魚、肉などの加工されていない本物の食品を食べる**と、エネルギーレベルに大きな変化があった。人間の体はリアルフードを食べるように進化してきたのだから、体に合った燃料を与えればエンジンの働きがよくなるのは当然だ。

JZ

　メイクタイムを始めたばかりのころ、僕は夕食を自炊する時間をつくることにした。一石二鳥だと思った。「めんどくさいこと」をしてエネルギーを高められるうえ（戦術63）、毎日リアルフード中心の食事ができる。

　長いレシピの指示どおりつくるよりも、**シンプルな自然の食材を調理する（焼いた肉とサラダなど）ほうがずっと簡単**

だった。これは僕にとって、狩猟採集民のような食生活を送るうってつけの方法だ。

Jake

　僕の場合、デフォルトの食事をリセットして狩猟採集民の食事に近づけるには、前もってリアルフードのおいしいスナックをとりそろえ、いつでも手軽にすばやく食べられるようにする必要があった。
　僕はアーモンドやクルミ、果物、ピーナッツバターをまとめ買いして、小腹が空いたらいつでもおいしくて良質なスナックが食べられるようにしている。ひとつかみのナッツやレーズン、バナナや、リンゴのスライスにピーナッツバターを塗ったものが、僕のお気に入りだ（スナック談義は戦術68で）。

戦術 66 「セントラルパーク盛り」にする

　軽くて元気が出る食事をいつもとれる、簡単なコツがある。**皿のまんなかにまず野菜を盛り、それから残りのものを周りに盛る**。ニューヨークのセントラルパークのように、まず緑地のために広い土地を確保し、それから周縁部を開発するのだ。

　サラダを増やすと、その分胃もたれする食べものが減るから、食後のエネルギーレベルが高まりやすい。

これがセントラルパーク盛りだ！

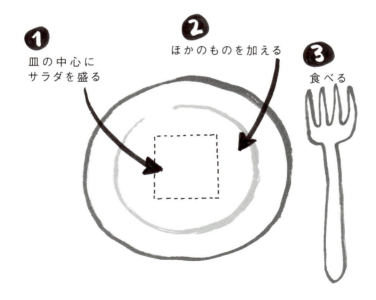

戦術バトル

断食 vs 間食

　JZにとって断食は集中力とエネルギーを高める手段だ。ジェイクは昼食から夕食まで間食せずにいると落ち着かない。

チャージ戦術:「リアルフード」を食べる　239

戦術バトル ▶ 断食vs間食

戦術
67 〉 ハングリーであれ

JZ

ちょっと「断食」をする

　たえず食べることが現代のデフォルトになっている。3度の食事のほか、お腹が空きすぎないように間食までとる。

　でも忘れないでほしい、グルルは狩猟採集民だった。**食べられるものを集め、捕らえ、仕留めるまでは、食事にありつけなかった**。毎朝昼夜のほか、血糖値が下がり始めるたびに木の実を集めバッファローを狩りに行くなんて、あり得ないだろう？

　僕が言いたいのは、**いつでも食事ができるからといって、いつも食べるのがいいとは限らない**ということ。

　僕らはさいわい食料が豊富な世界に暮らしているが、体はグルルのころと変わっていない。食料が乏しい世界で生き延び、健康でいられるようにできているのだ。

　断続的な断食〔毎日24時間のうち16時間は何も食べない、といった方法〕は最近のはやりだが、ビヨンセやベネディクト・カンバーバッチのオススメだという以外にも、試すべき理由はいろいろある。

　空腹だと食事がおいしく感じられるし、**断食には心臓血管の健康維持や長寿、果てはがん発症リスクの低下などの健康効果もある**といわれる。

　だがエネルギーを高め、時間をつくるという点から見た

（適度な）断食の最大のメリットは、頭をスッキリさせ脳の働きを活性化して、優先事項に集中し続けやすくなることにある。

▶ 試しに「朝食」を抜いてみよう

僕は断続的な断食（「ときどき食べない」のしゃれた言い方）を2年ほど続けている。最初のうちはお腹が減ると気が散ったが、何度かやっているうちに空腹感に慣れ、新しい精神エネルギーの泉を活用できるようになった。[*5]

とくに、朝起きてから（気を散らすものに手を出さず、たいていは食事もなしで）ハイライトに4、5時間取り組むという日課に役立っている。

安心してほしい、何日も絶食しろなんて言わないから。

試しに1食抜くか、間食をやめるかしてみよう。もちろん、ビジネスランチやバースデーディナーで、ライム入り炭酸水しか注文しないような嫌みな野郎にはなりたくない。

友人のケビンが、断食を普通の生活にうまく取り入れる方法を教えてくれた。夕食を早めにすませ、朝食を抜き、昼食をたっぷり食べるのだ。こうすれば約16時間の断食ができるし、たまにやっても誰にもおかしなやつだと思われない。

---

*5── ジェイクはそんな僕を見て、エサの直前がいちばん活動的で狩猟本能が高い、飼いネコのようだという。どう受けとってよいのやら……。うちのネコたちはいいことだと言ってくれるが。

戦術バトル ▶ 断食vs間食

戦術 68 子どものように「おやつ」を食べる

Jake

イラつくよりも「間食」しよう

　小さい子どもはお腹が空くとイライラする。僕は親としてこれを何度も見てきた。いやほんとに何度もだ。

　だが子どもは悪くない。昼を食べてから夜までおやつなしですごすのは、3歳児にはつらいことだ。

　多くの大人だってつらい。実際、**僕は自分でも気づかないうちに空腹でイライラしていることが多い**。だから間食を避けるJZとは違って、間食はいいことだと思っている。

　じつは僕は間食が大好きで、スナック欠乏症に陥らないように、バックパックにいつもグラノーラバーを2本しのばせている。スプリントをするときも、毎日スナック休憩の時間をとれるようにスケジュールを調整したほどだ。

▶ 「おやつの心得」を守る

　間食に関して大切なことは2つあると思う。
「良質なスナックを選ぶこと」と、なんとなく食べるのではなく、**「体と脳が必要とするときに食べること」**だ。

　バッテリー切れを起こさないためには、幼児のように、正確に言うと幼児の親のように振る舞おう。怒りやイライラの

---

*6 ── 幼児諸君、これを読んでいたら気を悪くしないでくれ。でもほんとのことだろう？

サインに気をつけ、栄養たっぷりの対処法を用意しておくのだ。

朝家を出るとき、ナッツやドライフルーツの小袋か、リンゴを持っていこう。スナックを切らして空腹なときは、ジャンクフード（お菓子やポテトチップスなど）ではなく、リアルフード（バナナ、ナッツなど）を食べよう。

3歳児のお腹を昼食までもたせるためにスナック菓子を与える親がいないのと同じで、自分の体にも気を使おう。大人だって人間なのだ。

戦術 69 「ダークチョコレート主義」を通す

糖分の摂りすぎはシュガーハイ〔糖分による興奮状態〕を招き、シュガーハイはシュガークラッシュ〔血糖値の急降下〕を招く。

高いエネルギーレベルを保つには甘いおやつは避けるべきだとわかっている。でも、デザートをやめるのは正直とても難しい。

それなら、ガマンしなくていい。代わりにデフォルトを変えよう。ダークチョコレート〔乳製品を含まない、カカオ分が高いチョコレート〕に限り、デザートを食べていいことにするのだ。

ダークチョコレートは、ほとんどのスイーツより糖分がずっと少ないから、シュガークラッシュを起こしにくい。**ダークチョコレートに健康効果があることも、多くの研究で示されている**[*7]。

それにコクがあっておいしいから、たくさん食べなくても欲求が満たされる。

ひとことで言えば、ダークチョコレートはヤバいほどすばらしいから、みんなもっと食べたほうがいい[*8]。

Jake

ダークチョコに置き換えるだけ

僕は大の甘党だが、2002年から「ダークチョコレート主義」を通している。ことの始まりは、妻のホリーと一緒に、

[*7] チョコレート会社から資金提供を受けた研究だが、それがどうした。
[*8] これだけは注意！ ダークチョコレートはカフェイン含有量が高いから、カフェイン計算に含めるのを忘れずに。

シアトルからポートランドまで車で旅したときのことだ。

　途中立ち寄ったガソリンスタンドで、コーラのジャンボボトル1本とラムネ1袋、ロリポップ1本を買い、飲み食いしながら運転していた。

　すっかりシュガーハイになった僕は、スーパーマリオブラザーズのモノマネを効果音入りで5分間も実演するはしゃぎぶりだった。

　そしてやってきたのが、破滅的なシュガークラッシュだ。その日の残りのドライブは助手席に沈み込み、頭がズキズキするとぼやき続けて、ホリーに笑われた。

　この「ロリポップ事件」（とのちに呼ばれるようになった）をきっかけに、僕はようやく理解した。糖分を摂りすぎると、あとで気分が悪くなる。

　そこで僕は、当時健康効果が話題になっていたダークチョコレートを、いつものデザートの代わりに食べるようにした。最初は苦みに慣れなかったが、そのうち味蕾が適応してくると、普通のデザートを甘すぎると感じるようになった。

　いまも週に2日はアイスクリームやクッキーを食べるが、それは意識的に食べるおやつだ。デフォルトではダークチョコレートを食べるから、エネルギーレベルが安定し、妻に笑われることもなくなった……少なくともロリポップ事件のことではね。

チャージ戦術

「カフェイン」を
うまく使う

戦術70 ▼ 「カフェインなし」で目を覚ます

戦術71 ▼ 「疲れる前」にコーヒーを飲む

戦術72 ▼ 「カフェインナップ」をとる

戦術73 ▼ 「緑茶」で力をキープする

戦術74 ▼ ハイライトに「ターボ」をかける

戦術75 ▼ カフェインの「門限」を決める

戦術76 ▼ 「糖」を切り離す

コーヒーをどう使う？

カフェインはデフォルトの習慣になりやすい。カフェインは（やや）依存性のある化学物質だから、たとえばストレッチ休憩をとるたびにコーヒーを淹れるといった動作は、**化学的に強化されて、たちまち習慣化してしまう。**

といっても、べつに責めているわけじゃない。僕らもほとんどの人と同じで、カフェインを摂っている。でもカフェインは強力で、エネルギーレベルに直接影響するから、**無意識にではなく意識的に摂取するようにしよう。**

僕らがカフェインについて深く考えるようになったのは、ライアン・ブラウンと出会ってからのことだ。

ライアンはコーヒーに本気だ。どれくらい本気かというと、完璧なコーヒー豆を求めて世界中を旅し、コーヒーデリバリーの会社を設立し、スタンプタウンやブルーボトルなどの大手コーヒー専門店で修業し、コーヒーの本まで書いてしまったほどだ。

ライアンはコーヒーの飲み方にまでこだわりがある。彼は長年カフェインに関する記事や新しい学術論文を読みあさり、エネルギーレベルを最適化するために、コーヒーを飲む最適のタイミングを研究してきた。そのライアンが、これまでの発見を教えようと言ってくれたとき、僕らがどんなに熱心に聞き入ったかわかってもらえるだろう。

---

*9—— アメリカ食品医薬品局（FDA）によれば、世界の成人の90％が、何らかのかたちでカフェインを摂取している。アメリカでは、ジェイクとJZを含む成人の80％が、毎日カフェイン入り飲料を飲んでいる。

耐性がつくと「コーヒー切れ」で体が弱る

ライアンのエネルギー最大化研究は、カフェインの働きを理解することから始まった。

カフェインは「アデノシン」という物質と分子構造がよく似ている。アデノシンとは脳内にある物質で、眠気や疲労感を誘発して脳の活動を抑える働きがある。

アデノシンは夜、体が眠りに就く準備をするときには役立つが、朝や昼に眠気を誘発されると困ったことになる。そんなとき、人はたいていカフェインに手を伸ばす。

カフェインが脳に入ると、脳は「よぉ、かわいこちゃん！」と歓迎し、カフェインはアデノシン受容体に結合する。そのせいで、脳内のアデノシンは結合できずにそのまま浮遊するため、眠りを誘発するシグナルが脳に伝わらなくなるのだ。

この話が（少なくとも僕らにとって）興味深いのは、カフェイン自体にエネルギーを高める働きはなく、たんにアデノシンが誘発する眠気によるエネルギー急低下を抑制するにすぎないという点だ。

だがカフェインの効果が薄れると、脳内にまだ浮遊しているアデノシンがカフェインに代わって受容体に結合するため、そのつどカフェインを補充しないとエネルギーが急低下する。

そのうち脳はアデノシンを増やすことによって、カフェインへの耐性を高める。ふだんコーヒーをたくさん飲んでいる人が、カフェインが切れたときに激しい疲労感と頭痛に襲われるのはこのせいだ。

「エネルギーレベル」を一定に保つ飲み方

ライアンはこれを踏まえて、興奮しすぎたり睡眠を妨げられたりすることなく、コーヒーを楽しんでエネルギーレベルを一定に保てるという、夢のような方法を考案した。科学的根拠があり、経験に裏打ちされた彼独自の方法は、驚くほどシンプルだ。

- カフェインを摂らずにしっかり目を覚ます（つまり起床直後はコーヒーを飲まずに朝食をとって1日を始める）
- 最初の1杯を朝9時半から10時半までのあいだに飲む
- 最後の1杯を昼1時半から2時半までのあいだに飲む

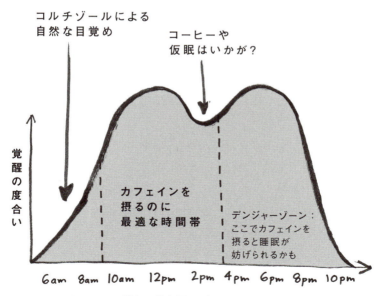

※ソース：僕らの独自調べ（だが大体正しいようだ）

ライアンはほとんどの日、2、3杯しかコーヒーを飲まない。**コーヒーの本まで書いたほどコーヒー好きなライアンがだ。**

飲む量をそれ以上増やしたり、決められた時間より前か後に飲んだりすると、エネルギーが低下するのを知っているから、飲む量を制限し、ひと口ひと口を味わっているのだ。

ライアンが研究の末に編み出した手法なら、これをそのまま取り入れればいいって？　**まあまあ、そう焦るなって。**ライアン自身、万人に合う方法などないと、釘を刺している。カフェインを処理し反応する方法は、代謝や体の大きさ、体力、DNAによって、一人ひとり違うのだ。

僕らはもちろん、自分で実験してみた。JZに効果があることが必ずしもジェイクに効果があるわけではなく、その逆の場合もあった。

そうして自分に合わせて方法をカスタマイズしたかいはあった。**1日中安定したエネルギーを保てるようになったのだ。**

あなたもこれから紹介する戦術を試してみよう。そして、この本のどの戦術でもそうだが、メモをとって結果を追跡しよう（やり方は285ページからの章に）。

結果が出始めるまでには3日から10日ほどかかることと、体が順応するまでのあいだは疲労を感じることもあるかもしれないということを見込んでおこう。

戦術
70 　「カフェインなし」で
　　目を覚ます

　朝はコルチゾールの分泌量が自然に増える。コルチゾールは覚醒作用のあるホルモンで、血中のコルチゾール濃度が高いときカフェインはあまり働かない（カフェインの中毒症状を一時的に和らげる効果を除けば）。

　ほとんどの人は、コルチゾールの分泌量が朝8時から9時のあいだにピークを迎えるから、朝のエネルギーを最大限に高めるには、その時間帯を避けて、**9時半ごろに1杯めのコーヒーを飲む**のがいい。

Jake

　僕はライアンに教えてもらって、この方法に変えた。それまでは**毎朝カフェイン切れのもやのなかで目を覚ましていた**。この方法に変えてからも、そんな朝の疲労感が解消するまでに数日かかったが、それを越えてからはスッキリ目覚められるようになった。そのあとの朝9時半のコーヒーで、いっそうエネルギーが高まる。

戦術 71 「疲れる前」に コーヒーを飲む

　カフェインの摂り方がなぜ難しいかといえば、疲労を感じてからではもう遅いからだ。その時点でもうアデノシンは脳に結合しているから、カフェインを摂っても倦怠感を振り払えない。

　大事なことだからもう一度言おう。

　疲れを感じてからでは遅い。

　いつもエネルギーが急低下する時間帯がいつなのかを調べ（昼食後という人が多い）、その30分前にコーヒー（または好きなカフェイン入り飲料）を飲もう。

戦術 72 「カフェインナップ」をとる

カフェインのしくみを逆手にとった、ちょっと複雑だが効果の高い方法が、カフェインナップだ。戦術71とは違って、**疲れを感じるまで待ってからカフェインを摂り、15分仮眠する**。

カフェインが血流に乗って脳にたどり着くまでには、しばらく時間がかかる。だがこの軽い睡眠中にアデノシンが分解されるから、目覚めるころには受容体からアデノシンが取り除かれ、そこにカフェインが登場するというわけだ。

起きたあとは**頭がスッキリし、元気が回復し、準備万端になれる**。カフェインナップをとると、カフェインだけまたは仮眠だけをとった場合に比べて、認知能力と記憶力が高まるという研究結果が出ている。[*10]

JZ

> 僕は『SPRINT最速仕事術』の執筆中、午後のエネルギーを高めるためにカフェインナップをとっていた。僕の場合、15分のカフェインナップをとると、2時間しっかり集中するのに必要なエネルギーが得られる。

---

*10── イギリス・ラフバラ大学は1997年に行った研究で、被験者の運転能力を運転シミュレーターでテストした。カフェインナップをとった被験者は、仮眠だけまたはカフェインだけをとった被験者よりもミスが少なかった。広島大学による2003年の研究では、仮眠だけをとり、目覚めた直後にまぶしい光を浴びせられた被験者よりも、カフェインナップをとった被験者のほうが記憶力テストでよい成績を上げた。

戦術 73 〉「緑茶」で力をキープする

　１日中安定したエネルギーレベルを保つには、多量のカフェイン（特大カップのコーヒーなど）を一度に摂るより、少量ずつ頻繁に摂るほうがいい。
　そこで「緑茶」がよい選択肢だ。いちばん簡単に安く実験するなら、緑茶のティーバッグを買ってきて、コーヒー１杯を緑茶２、３杯に置き換えてみよう。
　そうすれば、カフェイン含有量の多いコーヒーなどの飲料が招くエネルギーの変動を避け、１日中安定したエネルギーレベルを保てる。

　イタリア方式を試してもいい。エスプレッソだ。（僕のように）エスプレッソが好きで、（僕のようにたまに）飲む機会がある人には、低量カフェインの選択肢の１つになる。エスプレッソ１杯に含まれるカフェインの量は、コーヒー半杯分または緑茶２杯分と同じだ。

戦術 74 ハイライトに「ターボ」をかける

　毎日の生活は、ビデオゲームのマリオカートによく似ている。**ターボを戦略的に使おう**。カフェインを摂る時間を考え、ハイライトを始めるちょうどそのときにしっかり目覚めているようにしよう。

　僕ら2人は同じシンプルな方法で、このテクニックを実践している。**執筆を始めるちょっと前にコーヒーを淹れて飲む**のだ。

戦術
75 〉 カフェインの「門限」を
決める

　ジェイクの友人のカミーユ・フレミングは家庭医で、シアトル
のスウェディッシュ病院の研修医でもある。

　彼女が年齢を問わずあらゆる患者から最もよく聞くのが、不眠
の悩みだという。

　そんなとき、彼女はまず**「毎日カフェインをいつどれだけ摂っ
ていますか？」**と質問する（し、学生にもそう質問するよう教えて
いる）。ほとんどの人は答えられず、「カフェインが不眠の原因じゃ
ありません。最後の1杯は16時に飲んでいますから」などと答
える人もいるという。

　（僕ら2人がカミーユに聞くまで知らなかったように）ほとんどの人
は**カフェインの体内での半減期が5、6時間**だということを知ら
ない。

　平均的な人が16時にコーヒーを飲むと、21時か22時ごろに
カフェインの血中濃度が半分になるが、残りの半分はまだ体内に
影響をおよぼしている。カフェインを摂取してからかなり時間が
経っていても、カフェインが一部のアデノシン受容体をまだブ
ロックしていて、**睡眠と翌日のエネルギーを妨げるかもしれな
い**、ということだ。

　あなたも飲む時間をいろいろと試してみて、**自分の「カフェイ
ンの門限」**を調べよう。

　夜眠れない人は、思っているより門限が早いのかもしれない。
門限をどんどん早めていき、眠りやすくなるかどうか実験してみ
よう。

チャージ戦術：「カフェイン」をうまく使う　257

戦術
76 「糖」を切り離す

　カフェイン入り飲料の多くに多量の糖分が含まれることは、周知のとおりだ。コーラやペプシなどのソフトドリンク、スターバックスのカフェモカなどの甘味飲料、それにもちろんレッドブルなどのエナジードリンクもそうだ。

　糖分はすばやくエネルギーになるが、高いエネルギーを維持するには役立たないことは、いまさら言うまでもない。

　僕らは現実主義者だから、食事から完全に糖質を抜けなんて言わない（し、僕らだって抜いていない）。だがカフェインと甘味を分けて摂ることはぜひ勧めたい。

Jake

　僕は昔、カフェインを摂りたいときはコーラか、ちょっと贅沢したい気分ならカフェモカを飲んでいた。習慣を変えるのは難しかったから、まずは生クリームを入れた無糖のアイスティーやアイスコーヒーをシロップの国からの脱出口にして、少しずつ変えていった。

　いまでは**カフェインを摂るときどうしても甘みがほしくなったら、別々に摂るようにしている**。コーヒーを飲みながらクッキーを食べたほうが、クッキーを溶かしたコーヒー（ジュースってそういうものだろう？）を飲むよりずっとおいしい。

チャージ戦術

喧騒を離れる

戦術77
▼
森と親しむ

戦術78
▼
気軽に「瞑想」する

戦術79
▼
「ヘッドホン」を置いていく

戦術80
▼
「本当に安まること」をする

戦術
77 〉 森と親しむ

森はじつにいいなあ。
——ジェイクの父——

　日本政府は1982年から「森林浴」の習慣を推奨している。森林浴とは文字どおり「森林を浴びる」こと、簡単に言うと**森林の空気を体に取り込むこと**だ。

　森林浴の研究によれば、短時間でも森林に入るとストレスが和らぎ、心拍数や血圧が下がるという。

　日本だけじゃない。ミシガン大学の2008年の研究でも、**市街地を歩いた人より公園を歩いた人のほうが、認知テストの成績が20%高かった。**

　つまり、ほんの少し自然にふれるだけで大いに心が落ち着き、頭が冴えるのだ。いったいなぜだろう？　これをいちばんわかりやすく説明したのが、カル・ニューポートの『大事なことに集中する』（ダイヤモンド社）の一節だ。

　「自然を歩くときは、注意をどこかに集中させる必要がない。行く手を阻む障壁（混雑した交差点など）がほとんどないし、**興味深い刺激で頭が適度にいっぱいになる**から、積極的にどこかに注意を向けようとしなくなる。この状態が、集中力の回復を助けるのだ」

　つまり、**森林浴は脳のバッテリーを充電する**。僕らの狩猟採集民としての本能に訴える何かがあるのかもしれない。

根拠が何であれ、試す価値はある。太平洋岸トレイルを歩く必要もないし、森林に行く必要さえない。どんな自然環境にも効果がある。

　公園でしばらくすごし、精神エネルギーにどんな変化があったかをメモしよう。公園まで行けないときは、外の新鮮な空気を吸いに行こう。窓をちょっと開けるだけでも気分がよくなる。狩猟採集民の体は、外にいるときのほうが元気なのだ。

 Jake　　毎週土日に必ず「自然」を体験する

　僕の父は森が大好きだったが、弁護士という仕事柄、平日はオフィスか車のなかですごすことが多かった。それでも会議の合間をぬっては、近くの公園の小道を散歩した。

　毎週土日は天気に関係なく、森を歩いた。強風で木が倒れてきそうなときを除けば、いつも自然にふれるための時間をつくっていた。

　子どものころは、森にこだわる父を変わり者だと思っていたが、大人になったいまはわかる。僕自身社会に出て、仕事の世界の喧騒と多忙に脳がさらされるようになってから、公園に散歩に行くたび不思議なことが起こった。脳が落ち着き、思考が明晰になるように感じるのだ。しかも散歩しているあいだだけでなく、何時間も効果が持続する。

　最近はゴールデンゲートパークの森を走るのを日課にしている。市街地を外れて小道に出ると、頭がほぐれてストレスが消える。父の言うとおりだ。森はじつにいいなあ。

戦術
78 気軽に「瞑想」する

　瞑想の効果は多くの研究で確認されている。ストレスを減らし、幸福感を高め、脳を充電し、集中力を高めるなど。

　でも問題がある。**瞑想は難しいし、なんだか気恥ずかしい。**

　気持ちはわかる。僕らも瞑想の話をするのはいまだに照れくさい。これを書いているいまも照れくさい。

　でも恥ずかしがることはない。**瞑想は脳の息抜き**というだけだ。

　人間は考えることがデフォルトになっている。ふつうならそれはいいことだが、いつも考えごとをしていると、脳は休む暇がない。瞑想すると、思考に流される代わりに、静かに自分に向き合い、自分の状態を意識するから、思考をゆっくりと落ち着け、脳を休ませることができる。

　つまり瞑想は脳の休息法だ。だがおかしなことに、**瞑想は脳の運動でもある。**

　静寂を保ち、思考を意識することは、リフレッシュ効果がある一方で、脳を鍛えることにもなる。ペースを落とし思考を意識することで頭が活性化されるから、運動をしたときのように爽快な気分になれるのだ。

　実際、瞑想の効果は運動の効果とよく似ている。**瞑想がワーキングメモリの容量を増やし、集中を持続する能力を高める**ことが、研究で示されている。[*11]

*11── たとえばカリフォルニア大学サンタバーバラ校で2013年に行われた研究では、1日たった10分間ずつ2週間にわたって瞑想した学生は、GRE（大学院進学のための共通テスト）の言語スコアが460点から520点に上がった。ほんの少しの労力で得られるにしては、ものすごい脳力向上効果だ。

また運動をすると筋肉がつくのと同じで、瞑想をすると脳の一部の部位が厚くなる。[*12]

だが瞑想はなんだか大変だ。また、運動とは違って**効果が外面に表れないから、やる気を持ち続けるのが難しい**。瞑想で大脳皮質は厚くなるかもしれないが、シックスパックにはなれない。

それに、ただでさえやることが多いときに、すべての手を止め、思考を意識するための時間をつくるのはたしかに難しい。

だが瞑想で得られるエネルギーと、集中力、心の平穏は、大事なことをやり遂げる時間をつくるのに役立つのだ。

瞑想のコツをいくつか挙げておこう。

誰でも「瞑想」できるコツ

1. ここでは瞑想のやり方を説明するつもりはない。僕らは専門家じゃない――が、スマホが頼れる味方になる。入門として、**音声ガイド付きの瞑想アプリなどを使うといい**（次ページのジェイクの体験談も参考になる）。

2. **目標は低く**。たった３分のセッションでも、エネルギーは増える。10分できたらすごい。

3. **座禅は必要ない**。バスに乗っているときや横になっているとき、散歩やランニング、食事中に、音声ガイドに従って瞑想してみよう。

4. 「瞑想」という名前がしっくりこなければ、**呼び方を変えてみよう**。「静寂の時間」「休息」「一時停止」「ひと休み」「ヘッ

[*12]── 2006年のハーバード、イェール、MITの研究者による共同研究で、熟練した瞑想者と非瞑想者の脳をMRIスキャンを使って比較したところ、瞑想者は大脳皮質の注意と知覚を司る部位の厚みが増していた。

ドスペース（アプリ名）」など。

5. 自力で長時間やらなければ瞑想のうちに入らない、なんて言う人もいる。よけいなお世話だ。あなたに効果があって満足なら、短時間のガイド付き瞑想を続けよう。

Jake

「アプリの言いなり」でいい

瞑想がいいという話は前から聞いていたが、いまいち踏み切れなかった。あるとき妻が「ヘッドスペース（Headspace）」という名のiPhoneアプリ（英語）を勧めてくれた。
「きっと気に入るわ」とホリーは言った。「アンディはざっくばらんな感じの人だから」

アンディとはアンディ・プディコム、瞑想アプリの会社「ヘッドスペース」の共同創設者で、ヘッドホンから聞こえてくる声の主だ。彼のイギリス英語に慣れるまでしばらくかかったが、ホリーの言うとおりだった。僕はとても気に入った。

毎回、瞑想後の気分を記録して、瞑想で集中力が高まるのかどうかを調べた。たしかに高まっていた。

```
瞑想に効果はあったか？
・4/19    10分    あった
・4/20    10分    あった（集中しやすくなった。心が落ち着いた）
・4/21    10分    あった（瞑想の後、穏やかな気持ちで冷静に
                        仕事に入れた）
```

毎日、瞑想を続けるうちに、長時間集中できるようになり、思考が明晰になった。そしてふしぎなことだが、ありのままの自分を受け入れようと思うようになった（これはいいことだと僕は思っている）。

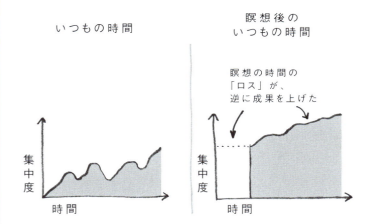

　主にテクノロジーによって引き起こされる現代生活のストレスと注意散漫を、テクノロジーで解決しようとするなんてばかげていると思うかもしれないが、僕には瞑想アプリがとても役立っている。関心のある人は試してみてほしい。

戦術 79 「ヘッドホン」を置いていく

ヘッドホンはすばらしい。ありきたりの道具と思われがちだが、どこででも、何でも、独りっきりで聴けるのは驚異と言うほかない。

マルコム・グラッドウェルの本をジョギングのお供にし、仕事中にジョーン・ジェットのアルバムを爆音で聴くことだってできる。何を聴こうが、人の知ったことじゃない。自分だけのステレオ音響の小宇宙だ。

そんなわけで僕らはあたりまえのように、静かにすごしていたはずの多くの時間を、ヘッドホンをつけてすごしている。

でも仕事や散歩、運動、通勤のたびにヘッドホンをつけていたのでは、脳は静かな時間を持てない。100万回聴き込んだアルバムを聴くのでさえ、多少は頭を使う。

音楽やポッドキャスト、オーディオブックは退屈を防ぐが、退屈は考えごとをし、集中するためのゆとりも生む（戦術57）。

だからたまにはヘッドホンを家に置いて出かけよう。

車の行き交う音やキーボードのカタカタいう音、歩道の足音に耳をすませよう。空白の時間を埋めたい衝動をこらえよう。

ヘッドホンを完全に手放せだなんて言わない。僕らだって毎日使っているのだから、そんなことを言えるはずがない。

でもたまに1日か1時間でもヘッドホン休暇をとると、暮らしに静けさを取り入れ、脳を充電するゆとりを簡単につくることができる。

戦術 80 「本当に安まること」をする

　仕事の息抜きに、ツイッターやフェイスブックなどの無限の泉アプリをチェックしたくなる気持ちはよくわかる。

　でも**この手の休息は、脳のリフレッシュやリラックスにはならない**。心かき乱されるニュースを読み、友人のねたましい写真を見れば、ストレスは減るどころか増えてしまう。

　それにデスクワークの人が無限の泉で息抜きをすれば、イスに座りっぱなしになり、「体を動かす」「人と話す」などのエネルギーを高める活動をする時間がなくなる。

　代わりに**デジタル画面なしの休息をとろう**。

　窓から外を眺め（目にいい）、散歩に出かけ（心身にいい）、健康的なスナックを食べ（お腹が空いていればエネルギーにいい）、誰かと話そう（相手が変人でなければ気分向上にいい）。

　無限の泉がデフォルトの休息になっている人は、習慣を変える必要がある。そしてこれまでさんざん言っているとおり、習慣を変えるのは難しい。

　前に紹介した**「減速帯（スピードバンプ）」の戦術が、ここで役に立つ**。気が散らないスマホ（戦術17）を使い、依存性のあるサイトからログアウトし（戦術18）、遊び終えたおもちゃは片づける（戦術26）。

　デジタル画面を離れて現実世界で休息をとるようになれば、絶対よかったと思うはずだ。エネルギーの高まった体でレーザーモードに戻り、ハイライトに集中し続けることができる。

チャージ戦術：喧騒を離れる　267

JZ

僕はメイクタイムの戦術を使っているときも、無限の泉の呼び声が聞こえる。1時間、いや、15分でも生産的な時間をすごすと、こんなことをつい考えてしまう。
「おお、だいぶ仕事がはかどったぞ。自分へのごほうびに、ツイッターをチェックしたっていいだろう!」
どんなに小さくてもスピードバンプがあれば、こうした衝動を抑えることができる。たとえばパソコンでツイッターのページを開き、ログイン画面が出てくると、「そうだ、本当の休息をとらなければ」と思い出す。これが僕の新しいルーチンと新しいデフォルトになった。

Jake

僕は本当の休息をとるのが好きだが、それでも足りないと感じるときがある。バリバリ働いて、頭がスポンジをしぼりきったときのような「脳みそ枯渇」状態になったら、特大の休息をとる時間だ。
そんなときは何もかもを放り出して、映画を1本見る。なぜ映画か? テレビシリーズとは違って、延々と続くことがないからだ。SNSやメール、ニュースのように、不安をかきたてることもない。映画は純粋に現実から離れ、脳をじっくりとリラックスさせる時間になる。

チャージ戦術

親密な時間を
すごす

戦術81 ▼ 仲間とすごす

戦術82 ▼ 「画面なし」で食べる

戦術 81 〉 仲間とすごす

　人はどんなに内向的でも、誰かとつながりたいという欲求を生まれつき持っている。これは当然のことだ。グルルは100人から200人ほどの部族で暮らしていた。**人は結束の固い社会で最も力を発揮するように進化した**のだ。

　でも近ごろは人と親密な時間をすごす機会はなかなかない。都会暮らしの人が昨日1日に会った人の数は、グルルが一生のあいだに会う人数よりたぶん多いだろうが、**そのうち実際に話をしたのは何人だろう?**　意味のある会話をした人数は?

　僕らがこんなに多くの人に囲まれながら、かつてないほど孤立しているのは、現代世界の哀しい皮肉だ。これはとても深刻な問題だ。

　75年以上にわたって行われたハーバード成人発達研究の結果を考えれば、なおさらそう言える。この研究では、**良好な人間関係を保っている人ほど、長く健康で充実した人生を送れる**ことが明らかにされた。

　スーパーでレジ待ちの行列に並ぶ人と片っ端から話をすれば100歳まで生きられるわけじゃないが、誰かと親密な時間をすごすことはエネルギーを大いに高める方法だ。

「元気をくれる相手」と意識的に話す

　21世紀のいまも、「部族」は存在する。オフィスで働く人には同僚がいる。家族ならきょうだいや親、子ども、パートナーなど

がいる。それにあなたには友人もいる（と望みたい）。人間関係は悩みやイライラのタネにもなるが、たいていは元気を与えてくれる。

ここで言う「親密な時間をすごす」とは、自分の声を使って誰かと本当の会話をすることだ。投稿にコメントしたり、いいね！ボタンを押したり、メールやテキスト、写真、絵文字、GIFアニメをやりとりすることじゃない。

画面を介したコミュニケーションは効率的だが、まさにそこに問題の一端がある。簡単すぎるから、より価値の高い、本当の会話の代わりにされてしまうことが多いのだ。

誰 が エ ネ ル ギ ー を く れ る ？

もちろん、どんな相手でもいいわけじゃないが、話をするとたいてい元気になれる相手が、あなたにも何人かいるはずだ。

簡単な実験をしてみよう。

1. エネルギーをくれそうな人を1人思い浮かべる。
2. その人と本当の会話をする時間をつくる。実際に会ってもいいし、電話で話してもいいが、声を出して会話をすること。
3. その後のエネルギーレベルに注目する。

家族で食事をしても、きょうだいに電話をかけてもいい。旧友でも、会ったばかりの人でもいい。声を介した会話なら、時間と場所は問わない。週に一度でいいから、尊敬する人や刺激をくれる人、笑わせてくれる人、ありのままの自分でいさせてくれる人に連絡をとってみよう。

チャージ戦術：親密な時間をすごす　271

興味深くエネルギッシュな人と一緒にすごすことは、バッテリーを充電する絶好の──かつ、いちばん楽しい──方法だ。

Jake

　僕はスマホのメモアプリに「エネルギーをくれる人」のリストを入れている。会うたびうれしくて思わずスキップしたくなるような人たちだ。
　わかってる、ちょっと奇妙だ（し、不気味だ）。
　でも、こうしておくことで、このなかの誰かとコーヒーやランチを楽しむと、元気が出て、1日の時間が有意義になるということを忘れないでいられるのだ。

戦術 82 　「画面なし」で食べる

　画面を見ずに食事をすると、3つのチャージ戦術を同時に実行できる。健康によくない食べものを機械的に口に運ばずにすみ、元気の出る人と親密な時間をすごし、たえまない忙しさから脳を解放するゆとりを1日のなかにつくることができる。どっちみちしなくてはならない食事をしながら、これを全部できるのだ！

Jake

ただ見なければ「習慣」になる

　僕は子ども時代、家族でテレビを見ながら食事をした。だからガールフレンド（でのちの妻）のホリーの家族が、ダイニングテーブルを全員で囲み、団欒しながら食事をすると知って、あまりに古風で驚いた。

　でも当時はホリーも僕もテレビを持っていなかったから、一緒に暮らし始めるとなんとなくなりゆきから、彼女の家方式で画面を見ずに食事をするようになった。

　テレビが家にやってきてからも、習慣は変わらなかった。子どもが生まれるころには、昔テレビを見ながらどうやって食事していたかさえ忘れてしまった。

　いまも毎晩家族4人でテーブルを囲んで食事をしている。テレビもスマホも、iPadもなし。世間の話題には疎（うと）くなったが、妻と息子たちとすごす時間は何物にも代えがたい。

チャージ戦術：親密な時間をすごす　273

チャージ戦術

洞窟で眠る

戦術83 ▼ 寝室を「寝る部屋」にする

戦術84 ▼ 「日没」をつくりだす

戦術85 ▼ すきあらば「仮眠」する

戦術86 ▼ 毎日の「時差ボケ」を防ぐ

戦術87 ▼ 自分の「酸素マスク」を先につける

戦術 83 寝室を「寝る部屋」にする

　グルルにとって眠りに就く時間は、精神的な刺激を少しずつ取り除いて睡眠モードに切り替えていく、数時間のプロセスの終着点だったはずだ。

　寝る前にSNSやメール、ニュースを見ると、このプロセスが台なしになる。脳はくつろぐどころか再起動してしまう。不愉快なメールや悩ましいニュースのせいであれこれ考え、何時間も眠れなくなる。

　睡眠の質を高めたいなら、寝室はつねに「スマホ持ち込み禁止」にしよう。

　スマホだけじゃない。すべての電子機器を撤去して、寝室を眠りのための聖域にする。テレビもiPadも、いっさい禁止。要するに、寝室を本当に寝るための部屋にするということだ。

　テレビには別の問題もある。寝室のテレビは誘惑への最短経路なのだ。テレビは何もしなくても楽しめる――なにしろ必要なことは全部テレビがやってくれる！

　テレビがとくに危険なのは、時間を食うからだ。見ているあいだは眠れないし、消したあとも興奮した脳が睡眠モードに切り替わるのを待たなくてはいけない。

「邪魔もの」を撤去する

　ベッドで読書するのはとてもいいが、紙の本や雑誌にしよう。Kindleも気を散らすアプリが入っていないからいいが、まぶし

いバックライトを暗くするのを忘れずに。

　デバイスを寝室から閉め出すのは難しいが、意志の力に頼って行動を変えようとするより、環境を変えたほうが早い。

　そして一度環境を変えたら、そのままにしておこう。テレビを物理的に撤去する。スマホの充電器のプラグを抜き、スタンドや台を寝室から出す。

　とはいえ、寝室に残しておかなくてはならないデバイスが1つある。目覚まし時計だ。

　画面が明るすぎないシンプルなもの（チクタク音が気にならない人は画面が光らないアナログ式の時計）にして、できればドレッサーや部屋の隅の棚に置こう。そうすれば目に光が入らないし、目覚めにもいい。アラームが鳴ったらベッドから起き、足を伸ばして、スイッチを切りに行かざるを得ない。

　スマホをいじりながら起きるより、こうやって1日を始めるほうがずっといい。

戦術
84 「日没」をつくりだす

　明るい光を見ると、脳は「朝だ、起きる時間だ！」と考える。これは太古の昔からの反射的なシステムだ。
　グルルにはこのシステムはとても合っていた。グルルは暗くなると眠り、日の出とともに起きた。1日の自然なサイクルを利用して、睡眠とエネルギーを調節していた。

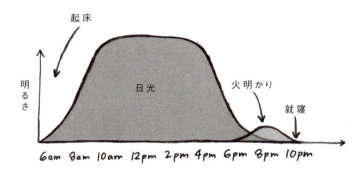

グルルの毎日

　でも現代人には、このシステムは支障がある。現代人はベッドに潜り込むその瞬間まで、画面やら電球やらで日光を模倣している。これではまるで脳にこう伝えているのと同じだ。
「昼間だ、昼間だ、昼間だ──おっと急に夜だ、眠ろう」
　不眠に悩む人が多いのも無理はない。

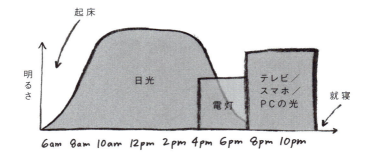

現代人の毎日

　もちろん、これを初めて指摘したのは僕らじゃない。寝る前のスマホやラップトップの操作はやめたほうがいいということは昔からいわれている。これはいいアドバイスだが、それだけじゃ足りない。

　JZ は朝型人間になろうとしたとき、もっと大きな戦略が必要だと気がついた。「日没」をつくりだす必要があったのだ。

　やり方を説明しよう。

脳を少しずつ休ませていく

1. 夕食時か、理想の就寝時間の数時間前に、家中の明かりを落とす。天井のまぶしい明かりを消して、ほの暗いテーブルライトやサイドランプをつける。夕食のテーブルにろうそくを灯せばボーナスポイントだ。
2. スマホやパソコン、テレビを「夜間モード」にする。青い画面が赤みや黄みがかった色になり、明るい空を見つめるのではなく、キャンプファイアを囲んでいるような気分になれ

る。

3. 寝るときは部屋からデバイスを全部出す（戦術83）。

4. 日光や街灯の光が寝室に入ってくる場合、簡単なアイマスクで目を覆ってみよう。気分も見た目もちょっとまぬけだが、効果はある。

　午前中だるくて元気が出ない人は、「日の出」もつくりだすといい。最近の、夜明けを模した光目覚まし時計は、新しいLED技術のおかげで小型化と低価格化が進み、冬の朝が苦手な人たちに人気を博している。

　しくみは簡単だ。アラームが鳴る前に光が徐々に明るくなっていき、完璧なタイミングで日の出を再現することによって、脳をだまして目覚めさせるのだ。夜に明かりを落とす方法と組み合わせると、洞窟暮らしに近づくことができる。

戦術
85 > すきあらば「仮眠」する

　仮眠すると頭がよくなる。うそじゃない。**仮眠が午後の仕事の効率と認知能力を高める**ことが、多くの研究からわかっている。[*13]
もちろん、僕らは自分の体でもこれを確かめた。

Jake

> 僕が仮眠(ナップ)好きなのは、名前がナップだからだけじゃない。

JZ

> ひどいジョークだ。

　眠りに落ちる必要さえない。横になって10分から20分体を休めるだけで、しっかり充電できる。だが現実問題として、オフィスで働く人が仮眠をとるのは難しい。最先端の仮眠カプセルがあるオフィスでも、ほとんどの人は仮眠する時間がないように感じるし、正直言うとカプセルがあってもなくても、職場で眠るのはとても気が引ける。仕事中に寝るのが無理なら、家にいるときだけでも仮眠をとればいい。週末だけでも効果はある。

*13── なかでも有名なのは、NASAが1994年に行った、長距離便のパイロットを対象とする研究だ。パイロットに仮眠をとらせたところ、認知能力が34%上昇したという。この研究がとくに話題を呼んだ理由は、(a)誰もがパイロットに高いパフォーマンスを求めているから、そして(b)誰もがNASAをカッコいいと思っているからだ。

戦術
86 〉 毎日の「時差ボケ」を
防ぐ

　どう頑張っても十分な睡眠をとれないときはある。多忙な1週間、タイミングの悪いフライト、ストレスや心配事などのせいで**睡眠不足が続くと、あのおなじみのヘトヘトの状態になる。**

　先日僕らは友人のクリステン・ブリランテスと睡眠不足について話した。彼女は僕らの知り合いのなかでもとびきり向上心が高く、デキる人物だ（戦術12の「サワーパッチキッズ法」の発案者でもある）。

　グーグルのデザインプロデューサーという本業のかたわら、フードトラックを経営し、起業家や若手プロフェッショナルのライフコーチまでしている。

週末の「寝だめ」で体内時計が狂う

「週末は睡眠不足を解消するために、つい朝寝坊したくなる」とクリステンは言う。「でもそれは逆効果よ」

　クリステンによれば、**週末に寝だめをするのは、自分で時差ボケをつくりだすようなもの**だという。体内時計が狂って、睡眠負債の返済がますます難しくなる。

　だから時差のある場所に旅行するときのように、週末も朝寝坊の誘惑をはねのけ、できるだけいつもどおりにすごすほうがいい。

　睡眠負債は現実にある現象で、心身の健康と集中力に悪影響をおよぼす。**土曜日の朝寝は至福のひとときだが、負債の解消には**

ならない。それよりこの章の戦術を使って、毎日の工夫で熟睡を積み重ね、少しずつ負債を減らしていこう。

心身のバッテリー残量を保つためには、平日、週末、休暇にかかわらず、**アラームを毎日同じ時間にセットしよう**。

◆　　◆　　◆

エネルギーを蓄えることに関して、もう1つ言っておきたいことがある。小さい子どもやパートナー、友人、親など、誰かの世話を担うライフステージにある人は、この本の戦術の多くを、役に立たないとまではいかなくても、少し自分本位に感じてしまうかもしれない。

次は、そんな人に、**自分をケアする許可を自分に与える**ための特別な戦術を捧げたい。

戦術 87 > 自分の「酸素マスク」を先につける

　ジェイクは妻が最初の子どもを身ごもったとき、初めて親になる人向けの講座に夫婦で参加した。講師はとてもためになるアドバイスをしてくれた。**自分の酸素マスクを先につけなさい**、と。

　飛行機に乗ると、非常時にはほかの乗客を救助するより先に、まず自分のマスクを装着するようにという説明がある。客室が急激に減圧すると（あまり考えたくはない事態だが……）、みんな酸素が必要になる。でも誰かを救助しているあいだに自分が酸素不足で意識を失ったら……**元も子もないだろう？**

　新生児の世話は、このシチュエーションにちょっと似ている。あなたは自分を（せめて少しは）ケアしないと、ちゃんと世話ができなくなる。できるだけ体によい食事をとり、とれるだけの睡眠時間を有効活用して、エネルギーを高めよう。**こまめに休息をとる方法を見つけて、心の健康を保とう**。これが、自分の酸素マスクを先につけるということだ。

　新生児以外の世話をしている人も、このアドバイスを忘れないでほしい。ほかの人、とくに**愛する人を日々ケアすることは、感情的、身体的エネルギーを消耗する大変な仕事**だ。

　たとえば、散歩する、1人で静かな時間をすごす、ワークアウトするといったこの本の戦術を、身勝手に感じてしまうこともあるかもしれない。

　でも思い出してほしい、チャージ戦術の狙いは、大事なことをするためのエネルギーを得ることにある。**大切な人のケアをしているあなたにとって、まさにいちばん重要な戦術**なのだ。

TUNING

チューニング

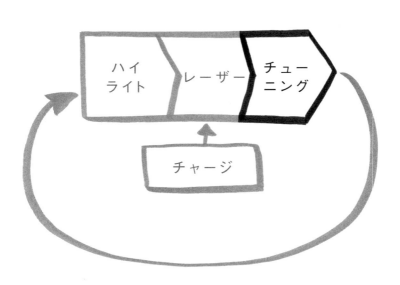

科学と日々の生活を分けることはできないし、
分けるべきでもない。
—— ロザリンド・フランクリン（物理化学者）——

　メイクタイムの「最終ステップ」へようこそ。

　この「チューニング」のステップでは、科学を少々駆使して、あなたの習慣やライフスタイル、好み、そして世界に１つしかない体に合わせて、システムをカスタマイズする方法を説明しよう。

／ 科学的方法で
／ 毎日をチューニングする

　大丈夫、科学といっても単純なものだ。科学といえば、粒子加速器や天体物理学、光子魚雷みたいにややこしいものもあるが、科学的方法自体は明快なものだ。

１．何が起こっているのかを「観察」する

２．なぜそれが起こっているのかを「推測」する

３．仮説をテストするための「実験」を行う

４．結果を「測定」して仮説が正しいかどうかを判定する

　これがほぼすべてだ。防錆潤滑剤からハッブル宇宙望遠鏡までのすべては、この４ステップを経て得られた科学的ノウハウをもとにつくられている。

　メイクタイムも科学的方法に基づいている。この本で紹介したことはすべて、僕らが現代世界を観察して得た気づきと、何が時間と注意に悪影響をおよぼしているかという僕らの推測をもとに

TUNING　287

している。

　メイクタイムは、つきつめれば次の3つの仮説に集約できる。

▸ **ハイライト仮説**
　1日の初めにやりたいことを1つだけ決めれば、よりしあわせと喜びに満ちた時間をすごし、より大きな成果を挙げられる。

▸ **レーザー仮説**
　多忙中毒と無限の泉の周りにバリアを張れば、注意をレーザー光線のように絞り込むことができる。

▸ **チャージ仮説**
　先史時代の人間に近い暮らしをすれば、心身のエネルギーを高めることができる。

　ここまで紹介した戦術は、この3仮説を検証するための87個の実験だ。僕らは自分の体で試して成果を得た。

　でも、**あなたの体で試せるのは、あなたしかいない**。そしてそれをするためには、科学的方法が必要だ。といっても二重盲検試験や無菌室実験などではなく、あなた自身の日常生活でデータを測定するのだ。

　実験のただ1人の対象者はあなたで、本当に意味のある結果はあなたの結果だけ。この日常的な科学が、「チューニング」の真髄だ。

結果を記録するために「メモ」をとる

　データの収集はとても簡単だ。

　ハイライトの時間をつくれたかどうか、どれくらい集中して取

り組めたかを、毎日振り返る。どれくらいのエネルギーがあったかを記録する。その日使った戦術を振り返り、何がうまくいったか、いかなかったかについて気づいたことを書きとめ、翌日試したい戦術の計画を立てる。これだけだ。

時間はちょっとしかかからない。次の簡単な質問に答えるだけでいい。

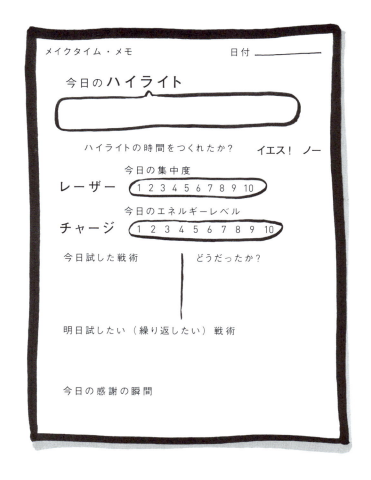

たとえば、ある日のメモは、こんな感じになるかもしれない。

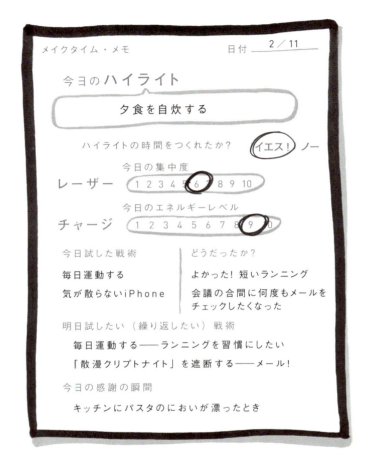

このメモを書く目的はもちろん、メイクタイムの実践結果を記録するためだ。だがメモをとるのは自分を知るのにも役立つ。何日かメモをとっていると、自分のエネルギーと注意のレベルが1日を通してどう変化するかを意識し、向けたい場所に向けられるようになってくる。

実験するとき忘れないでほしいのは、**戦術のなかにはすぐに効くものもあれば、根気と粘り強さが必要なものもある**ということだ。戦術を生活に合わせるために、試行錯誤が必要なこともある（ランニングとサイクリングマシンのどっちがいいか？　出勤前と昼休み、夜のいつやるべきか？）。

　失敗しても自分を責めないように。あせらずにメモを使って自分のやり方を分析し、微調整していこう。

　思い出してほしい、**完璧はめざさない**。つねに（全部または一部の）戦術を使わなくてはいけないわけではない。オフの日や週があっていい。実験はいつでも再開できるし、自分の生活に合わせて好きなだけやればいい。

「感謝」で習慣が継続する

　このメモをとる主な目的は実験結果を測定するためだが、「感謝」の質問が含まれているのに気づいてくれただろうか。

　感謝の儀式は大昔から多くの文化で行われている。感謝は仏教やストア哲学の基本であり、聖書で教えられ、日本の茶道でも大切にされ、もちろん感謝祭の基本（であり名前の由来）でもある。

　だが僕らが感謝の質問を含めたのは、そういった輝かしい歴史とは無縁の、とても単純な理由による。**「実験してよかった」と思ってほしい**からだ。

　デフォルトを変更するのは並大抵のことじゃない。だから感謝のレンズを通して1日を振り返ることが助けになる。

　たとえ実験が思いどおりにいかなくても、時間をつくるためにした苦労は、感謝の瞬間によって報われる。うれしかった、ありがたかったという**感謝の気持ちは、「明日もまた戦術を実行しよ**

う」という意欲の強力な後押しになるのだ。

巻末に白紙の「メイクタイム・メモ」を載せた。それをコピーして使うか、maketimebook.com に掲載した手書き版や活字版のメモを使ってほしい（英語）。もちろん普通の紙やノートにメモをとってもいい。

スマホに定期的なリマインダーを設定して、メイクタイムの新しい習慣を根づかせよう。「ヘイ、Siri、毎朝9時にハイライトを選ぶのをリマインドして[*1]」「毎晩9時にメモをとるのをリマインドして」と言うだけでいい。

小さな変化が大きな成果を生む

この本の冒頭で、僕らはクレイジーな主張をした。めまぐるしい現代生活のペースを落とし、気ぜわしさを抑え、もっと楽しみながら毎日をすごすことは可能だと断定した。

4つのステップを全部説明したいま、この主張を改めて振り返ってみたい。

毎日、時間をつくるなんて、本当にできるのだろうか？

あなたの生活をリセットする魔法のボタンを、僕らは持っていない。あなたが今日500通のメールに返信しなくてはならないのなら、明日の返信をゼロにすることはたぶんできない。あなたの今週の予定がぎっしりつまっているなら、来週もきっとそうだろう。あなたの予定表を消し、受信箱を凍結することは、僕らにはできない。

---

*1——「ＯＫ、グーグル」「ハロー、ＨＡＬ」でも何でもいい。1日の振り返りは習慣になるといいが、最初の2週間だけやるのでもかまわない。メイクタイム・メモのせいで、やるべきことが（また1つ）増えたと思ってほしくない。メモはたんに自分をよく知り、自分に合うようにシステムをチューニングする方法にすぎない。

でも、そんな「大転換」は必要ない。

メイクタイムには隠れた大前提がある。あなたはじつは「あと一歩」前進するだけで大きな変化をつかめる、ということだ。

小さな変化を取り入れれば、自分の生活をもっとコントロールできるようになる。気を散らすものをいくつか取り除き、心身のエネルギーを少し高め、輝く一点に注意を集中すれば、うんざりする1日が、とびきりすばらしい1日になるかもしれない。

からっぽの予定表から始めなくていい。何か特別なことに60分から90分集中するだけでいいのだ。

大事なことのために時間をつくり、もっとバランスのとれた生活を送り、今日という日をもっと楽しむことをめざそう。

 Jake 「自分なりの戦術」を完成させる

僕は2008年から毎日のメモをとるようになった。エネルギーレベルを追跡し、方法を改善するためだ。メモを一部抜粋してみよう。

11月17日
エネルギーレベル：8
今日試した戦術：朝30分の運動
どうだったか？：
とても気分がよくなった。これからはもっとやろう。午前中は3時間ぶっ通しで集中できたが、ランチのあとはぐったりした。最高においしいデザートを2つも食べてしまった（チョコレートケーキ）。ランチのデザートはやめたほう

がいいかも。

　このメモはヒントの宝庫だ。朝の運動で元気が出た[*2]、ランチのデザートで午後ぐったりした、自分の集中の最長持続時間は約3時間、など。
　これらのヒント（運動はいい、糖分の摂りすぎはよくないなど）はもちろん、画期的な発見ではない。
　だがあたりまえのことでも、**自分の経験として記録することに大きな意味がある**。本で研究結果を読むのと、結果を身をもって経験するのとでは、天と地ほどの違いがある。
　僕にとって毎日メモをとることは、落とし穴を避け、一点集中する方法を見つけるのに役立った。
　朝のうちに体を動かす方法を工夫し、2か月もすると朝の運動が日課として定着した。空腹になりすぎる前にランチを食べられるように予定を調整し、元気の出る軽めのランチをデフォルトにした。
　初期のメモは「チャージ」についてが中心だったが、その後「ハイライト」と「レーザー」の戦術を記録するのにも役立った。独りっきりの実験を重ねながら、**自分なりの戦術を見つけ、自分に合わせてシステムを調整した**。そして毎日振り返ることで行動が改善した。
　僕は昔から人目があると──たとえ自分の目でも──まじめになるのだ。

---

*2── これは僕が運動を「頑張りすぎない」（戦術61）ことの大切さに気づいた直後だった。

「いつか」を
今日にする

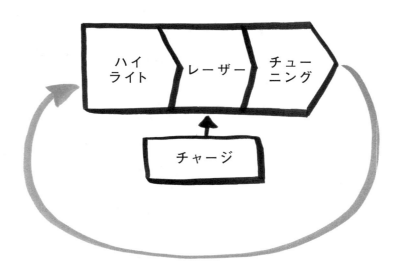

世界に何が必要かなんて考えなくていい。
どうすれば自分が輝けるかを考え、それを実行しよう。
世界に必要なのは、輝く人たちだ。
―― ハワード・サーマン（神学者）――

　僕らが長年すごしたシリコンバレーでは、「ピボット」（旋回する）というビジネス用語がよく使われる。

　スタートアップでいえば、ピボットが起こるのは、会社が何かの事業を開始したあとで、別の関連事業（または関連のない事業）のほうが有望だと気づいたときだ。うまくいくという確信（と資金）が十分あれば、新しい方向にピボットする。

　スタートアップのピボットには、すばらしく成功したものもある。「トート」というモバイル・ショッピングサイトは、ピボットして「ピンタレスト」になった。「オデオ」というポッドキャストのベンチャーは、ピボットして「ツイッター」になった。「バーブン」というチェックインアプリがピボットして「インスタグラム」になり、カメラ用のOSがピボットして「アンドロイド」になった。

　あなたもメイクタイムのツールや戦術を使いこなすうちに、ピボットする準備ができるかもしれない。

　毎日ハイライトを選ぶうちに自分の優先事項をはっきり自覚するようになり、レーザーモードで集中力を高めるうちに、新しい強みや関心が芽生えるかもしれない。

　そしてその道がどこへ通じているかを確かめる自信ができるかもしれない。

　僕らが経験したことが、まさにそれだった。

「いつか」を今日にする　297

不思議な「大転換」が起こった

　僕がそもそも時間の実験を始めたのは、仕事の生産性を高めるためだが、それにとどまらない成果があった。この本で紹介した戦術は、ワークライフバランスを充実させるのにも役立ったのだ。

　毎日にほんの少しの変化を取り入れることで、「自分をコントロールしている」という感覚が大きく高まった。

　優先事項のための時間をつくる方法を学ぶうちに、クールなプロジェクトが生まれた。スプリントを開発し、子どもと美術展を開き、もちろん執筆も進めた。初めての本を書き始めるのも、完成させるのも大変だったが、メイクタイムの戦術のおかげでやり遂げられた。

　やがて不思議なことが起こった。**執筆の時間をつくればつくるほど、ますます書きたくなった**のだ。とうとう僕は、執筆を本業にすることに決めた。

　優先順位の大転換は一夜にして起こったのではない。小さな雪玉が坂道を転がるうちに大きくなるように、転換は徐々に起こった。

　2010年に初めて夜に執筆の時間をつくってから、専業の作家になるまでに7年かかった。

　でもいざそのときが来てみると、グーグルを辞めるという、**以前の僕にはとても考えられなかった決断を、すんなり下すことができた**。自分が求めるものははっきりしていたし、それに賭ける自信もついていた。

「本当にすべきこと」が浮かび上がった

　僕もジェイクと同じで、最初は仕事の生産性を高めるためにメイクタイムの戦術を使い始めた。だがそのうちに、せっかく高まったエネルギーと集中力を、出世のはしごを登るためなんかには使いたくないと思っている自分に気づいた。

　そして新しい優先事項が現れた。セーリングだ。セーリングに時間を使えば使うほど、充実感が得られた。でも仕事とは違い、この充実感は外的な報酬とは無縁だった。実践的なスキルを身につけ、違う視点から世界を眺め、喜びを感じることで得られる、内的な動機づけが僕を駆り立てた。

　僕はこの本の戦術を利用して、セーリングの時間をつくることに真剣に取り組んだ。妻のミッシェルと2人で、洋上暮らしの可能性を探り始めた。船で生活し、気の向くままに旅をして、この仕事外の情熱にさらにのめりこみたかった。

　2017年、僕らは行動を起こした。2人で仕事を辞め、家を引き払い、ヨットに引っ越し、太平洋岸をカリフォルニアからメキシコ、中米へと南下する航海を始めたのだ。

　セーリングに向き合うと、ほかの優先事項は頭から抜け落ちた。セーリングと旅に専念することで、華々しい仕事の肩書きや、すてきなオフィス、サラリー、ボーナスを手放した。

　でも、いまあなたが読んだばかりのシステムを何年も実践してきた僕にとって、決断に迷いはなかった。自分が何のために時間をつくりたいかが明確になったので、それを実行に移したまでだ。

システムを「変化」させていく

　自分のいちばん大事な優先事項を見きわめる習慣ができると、日々の生活が変化する。いまの仕事が心の羅針盤にぴったり合っているという人もいるだろう。そんな人は、いちばん大事な機会をますますうまく見きわめられるようになる。メイクタイムによって、キャリアを長期的、持続的に高みに押し上げ、趣味やサイドプロジェクトでさらに充実した日々を送れるだろう。

　ときにはそうしたサイドプロジェクトが、自分にとってとても大きなものになることもある。新しい、思ってもみなかった道が現れることもあるかもしれない。

　もちろん僕らは、仕事を辞めて船で世界一周すべきだなんて勧めていない。それにここは強調しておきたいのだが、僕らはこの方法をきわめたわけでもない——断じてない！

　それどころか、僕らはたえず優先事項のバランスを組み替えていて、今日やっていることを2年後、5年後、10年後にやっている可能性はとても低い。

　あなたがこれを読むころ、僕らはまた進路を変えているかもしれない。だが、それでいいのだ。自分の大事なことのために時間をつくれていれば、システムは機能している。

　どんな目標をめざす人も、メイクタイムを実践すれば、好きなことのためにいまよりもっと時間をつくり、もっと集中できるようになる。

　神学者ハワード・サーマンが言うように、世界には輝く人たちが必要だ。自分が輝ける時間をつくることを「いつか」まで待つ必要はない。今日始めよう。

いますぐ始めるための
クイックスタート・ガイド

　この本にはたくさんの戦術が載っている。どこから始めていい
かわからない人は、次のやり方を試してみよう。

ハイライト　　ハイライトを予定に入れる（戦術08）

　計画的に考え、1日の構成を決めて、反応のサイクルを断ち切
るための簡単な方法だ。

レーザー　　「散漫クリプトナイト」を遮断する（戦術24）

　無限の泉から抜け出すと、自分がどう変わるかを調べてみよう。

チャージ　　歩きまわる（戦術62）

　毎日数分歩くだけで体が元気になり、心が安まる。

チューニング　　夜の振り返りを3日間やってみる

　これから一生ずっと、毎晩メモを取り続けろなんて言わない
（僕らもそこまでの覚悟はしてない）。上の3つの戦術を3日連続で試
し、毎晩気づいたことや工夫できそうなことを書きとめてみよう。

「いつか」を今日にする　301

ある日の予定表

　メイクタイムのある暮らしがどんなものかを知ってもらうために、僕らの典型的な日々の予定表を公開しよう。
　1日の予定にたくさんの戦術をつめこむことは可能だ。しかもそれ以外に、予定表には表れない戦術（1日をデザインする、ログアウトする、腕時計をする、気が散らないiPhoneなど）も山ほどある。
　でもだからといって、必ずしもつめこむ必要はない。これから紹介するのは極端な例だ――ほら、**僕らは時間オタク**だから。

Jake

> このころは予定表がミーティングで埋まっていたので、エネルギーを蓄え、1日中維持するための戦術をいくつか使っていた。おかげでエネルギーを温存して、夜間に冒険小説を書く時間をつくることができた。

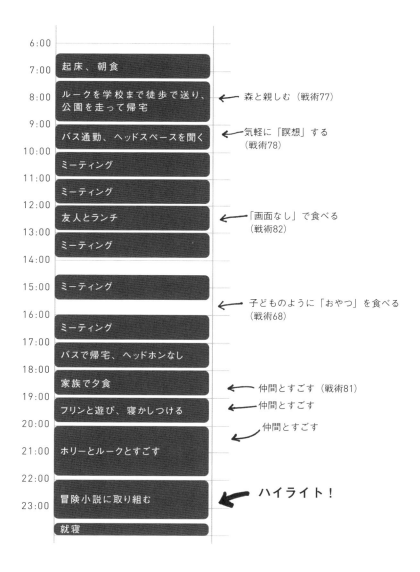

「いつか」を今日にする 303

僕がグーグルで働いていたときの普通の平日は、右のような感じだった。**毎朝早起きして、何よりも先に**——もちろんコーヒーは飲んでから——ハイライトに取り組んだ。徒歩通勤のおかげで、エネルギーが高まった状態で1日を始められた。夕方になって創造のエネルギーが衰えると、**事務作業**（メールなど）やエネルギーの回復（運動、料理、妻のミッシェルと一緒にすごす）にシフトした。

6:00	起床、コーヒーを淹れる	
7:00	仕事ブロック①：ハイライトタイム！	**← ハイライト！**
8:00	シャワー、身支度	歩きまわる（戦術62）
9:00	徒歩通勤	
10:00	仕事ブロック②：その他のプロジェクト	予定を「ブロック」する（戦術09）
11:00		
12:00	1人で長いランチ：読書タイム	ハングリーであれ（戦術67）（この日最初の食事）
	エスプレッソを淹れて飲む！	
13:00		
14:00	ミーティング	
15:00	ミーティング	
16:00	仕事ブロック③：メール	メールは「1日の終わり」にする（戦術34）
17:00		
	バスで帰宅：さらに読書タイム	
18:00	食料品店	
	3×3 ワークアウト	
19:00		
20:00	ミッシェルとの時間、夕飯をつくる	仲間とすごす（戦術81）
21:00		
	テレビシリーズを1話見る	
22:00	就寝	
23:00		

「いつか」を今日にする　305

時間オタクのための参考図書

グレッチェン・ルービン『人生は「幸せ計画」でうまくいく！』（花塚恵訳、サンマーク出版）
この本を読めばもっとしあわせになれる。読まないなんてどうかしている。

ジョン・メディナ『ブレイン・ルール』（小野木明恵訳、NHK出版）
脳科学の大まかなところを、楽しくすばやく理解できる。わかりやすくて記憶に残りやすい（これより難しいがずっとくわしい本に、アダム・ガザレイとラリー・ローゼンの『*The Distracted Mind: Ancient Brains in a High-Tech World*（雑念──ハイテク世界における古代の脳）』〈未邦訳〉がある）。

カル・ニューポート『大事なことに集中する　気が散るものだらけの世界で生産性を最大化する科学的方法』（門田美鈴訳、ダイヤモンド社）
集中して仕事をするための斬新で型破りな戦略がつまった本。

ティム・フェリス『「週4時間」だけ働く。』（田中じゅん訳、青志社）
僕らはティムのような超人じゃないが、それでもこの本から多くを学んだ。

デビッド・アレン『はじめてのGTD　ストレスフリーの整理術』（田口元訳、二見書房）
とても厳格な整理システム。僕らは数え切れないほど何度も挫折して、もうGTDを実践していないが、それでもデビッド・アレンの考えは僕らの体に染み込んでいる。

キャロライン・ウェッブ『最高の自分を引き出す　脳が喜ぶ仕事術』（月沢李歌子訳、草思社）
最新の行動科学のくわしい考察と、それを日常生活に生かすための賢明な提案。

チップ・ハース＆ダン・ハース『瞬間のちから』（武田玲子訳、ダイレクト出版）
ハース兄弟は「決定的瞬間」が生活に大きな影響をおよぼす理由を説明し、毎日の生活にそうした重要な瞬間を意識的につくりだす方法を説明する。この本を読んで湧いてきた意欲をもって、ハイライトに取り組もう。

アンディ・プディコムのアプリ「Headspace（ヘッドスペース）」
アンディは瞑想をガイドするだけじゃない──現代世界で生きていくための心の持ちようを教えてくれる。

チャールズ・デュヒッグ『習慣の力 The Power of Habit』（渡会

「いつか」を今日にする　307

圭子訳、講談社＋α文庫）

メイクタイム戦術を長期にわたる習慣にするための手引きとして
使おう。

キャロル・S・ドゥエック『マインドセット　「やればできる！」
の研究』（今西康子訳、草思社）
習慣はとても強力だ。行動を変えるためには、マインドセットの
転換が必要かもしれない。

マイケル・ポーラン『ヘルシーな加工食品はかなりヤバい』（高
井由紀子訳、青志社）
エネルギーを蓄えるための指針として、狩猟採集民のような食事
をすることに勝るものはない。

ユヴァル・ノア・ハラリ『サピエンス全史』（柴田裕之訳、河出書
房新社）
メイクタイム戦術の多くは、太古の人間から学ぶというアイデア
をもとにしている。この本は、人間の驚くべき歴史をくわしく説
明してくれる。

　気を散らす業界に関するくわしい解説に、アダム・オルターの
『僕らはそれに抵抗できない』（ダイヤモンド社）や、トリスタン・
ハリスの「人道的技術研究所のウェブサイト」（humanetech.com）
がある。習慣的に使われる製品やサービスが生み出される方法を
くわしく説明した本として、ニール・イヤール、ライアン・フー
バー『Hooked ハマるしかけ』（Hooked 翻訳チーム、金山裕樹、高橋
雄介、山田案稜、TNB 編集部訳、翔泳社）を挙げておく。

続いて、僕ら一人ひとりからのオススメだ。

JZ

ヴィッキー・ロビン、ジョー・ドミンゲス『Your Money or Your Life（あなたのお金、あなたの人生）』（未邦訳）

デフォルトを考え直す、意識的になる、気を散らすものを避けるといった「メイクタイム」でも扱っている方針を、お金の問題にあてはめた名作。驚くほど多くのヒントがつまっている。

ウィリアム・B・アーヴァイン『良き人生について　ローマの哲人に学ぶ生き方の知恵』（竹内和世訳、白揚社）

ストア哲学のとてもわかりやすい入門書。ストア主義は、よい人生を送るための戦術システムというメイクタイムと同じ考え方だが、こちらは2000年以上前に生まれた。

ハープ・マコーミック『As Long as It's Fun（楽しければそれでいい）』（未邦訳）

これはまた違う種類の提案だ。自分のデフォルトを設け、2艘のヨットを自作し、世界を2周し、11冊の著作をものした夫婦の一代記。純粋なインスピレーションのための本。

Jake

アニー・ディラード『The Living（ザ・リビング）』（未邦訳）

僕が育った場所にほど近い、ワシントン州北西部を舞台とするこの小説は、人生を楽しむことを教えてくれた。この本に描かれたすばらしい瞬間は、僕の心のなかに何十年も生き続けている。

スティーヴン・キング『書くことについて』（田村義進訳、小学館文庫）
言うまでもなく、僕のように小説家をめざす人の必読書。作家志望やホラーファン（僕は違う）でなくても楽しめる。執筆に限らず、コツコツとひたむきに仕事をするための教訓に満ちているし、とてもおもしろい。

最後に、2人のイチオシ本は……

ジェイク・ナップ、ジョン・ゼラツキー、ブレイデン・コウィッツ『SPRINT 最速仕事術』（櫻井祐子訳、ダイヤモンド社）
メイクタイムのアイデアが気に入った人は、ぜひスプリントもやってみてほしい。

謝 辞

　僕らがこの本を執筆できたのは、信じられないほどすばらしい人たちが助けてくれたおかげだ。

　僕らの優秀な代理人シルヴィー・グリーンバーグは、ただのブログ記事の山を立派な本に仕上げてくれた。フレッチャー&カンパニーで僕らを担当してくれたチームに心から感謝を捧げる。エリン・マクファデン、グレイン・フォックス、ヴェロニカ・ゴールドスタイン、サラ・フェンテス、メリッサ・チンチロ、そしてもちろんクリスティ・フレッチャー、ありがとう。

　才気あふれる編集者タリア・クローンは、僕らが大事なことに集中し、本当に役に立つ本をつくれるように取り計らってくれた。カレンシーのチーム全員とハイタッチしたい──ティナ・コンスタブル、キャンベル・ウォートン、エリン・リトル、ニコール・マクアードル、ミーガン・シューマン、クレイグ・アダムズ、アンドレア・ラウのみなさん、ありがとう。

　イギリス版の編集者アンドレア・ヘンリーは、鋭いフィードバックを絶妙のタイミングでくれた。

　初期の原稿を読んでくれたみなさんに感謝する。ジョシュ・イェリン、イモラ・アンガー、ミア・マンバータ、スコット・ジェンソン、ジョナサン・コートニー、ステファン・クラウッセン、ライアン・ブラウン、ダレン・ニコルソン、パイパー・ロイド、クリステン・ブリランテス、マリン・リチーナ、ブルーナ・シルバ、ステフ・クルション、ティム・ホーファー、カミーユ・

フレミング、マイケル・レゲット、ヘンリク・ベイ、ハイディ・ミラー、マーティン・レンスマン、ダニエル・アンデフォール、ティシュ・ナップ、ザンダー・ポロック、マリーサ・ポロック、ベッキー・ウォーレン、ロジャー・ウォーレン、フランシス・コルテス、マット・ストーリー、ショーン・ローチ、ティン・カドイック、シンディ・フェントン、ジャック・ルッシロ、デイブ・シリーリ、ディー・スカラノ、ミッチェル・ギア、レベッカ・ガーザ＝ボートマン、エイミー・ボンソール、ジョシュ・ポーター、ロブ・ハンブレン、マイケル・スマート、ランジャン・ジャガナサン、ダグラス・ファーガソンの率直な感想と有益な提案のおかげで、この本はずっとよくなった。

　1700人を超える試読者の協力で、本の導入部分を明確化、非退屈化することができた。人数が多く、一人ひとりにささやかなスペースしか割り当てられなかったが、名前を掲載させてもらった〔https://www.diamond.co.jp/go/pb/maketime_testreaders.pdf〕。

JZ

　まずは妻のミッシェルにありがとうと言いたい。君より大切な人はいない。僕はこの本の最初の草稿をセント・ジョンでの２人っきりの休暇中に書き、おまけに執筆期間がセーリングの予定と重なってしまったのに、それでもプロジェクトを支援してくれてありがとう。とくに原稿を何度も読み、賢明な意見をくれたことに、とても感謝している。本当にありがとう。

　ありがとう、ジェイク。これを書いているいま、僕らが初めて一緒にスプリントを行ってからもう６年になる。君と

働いたことで、仕事そのものに対する考え方が変わった。この協働作業は、僕の計画や予想をはるかに超えるものになった。何より、本当に楽しかった！　ぜひまたやろう。

　僕の仕事でのロールモデルになってくれた同僚たちに感謝する。マイク・ジットは充実した生活を送るために仕事をデザインし直すことを、早い時期に教えてくれた。マット・ショービーはクリエイティブな仕事に「一意専心」することの大切さを教えてくれた（コピーライティングのメンターとしても指導してくれた）。グレアム・ジェンキンは予定表がいっぱいのマネジャーでも大事なことのために時間をつくれることを、身をもって示してくれた。クリステン・ブリランテスとダニエル・ブルカは、仕事に全身全霊で打ち込むとすばらしい成果が得られることを教えてくれた。

　メイクタイムのアイデアをもとに、10年以上かけてアプリを開発してくれた、テイラー・ヒューズ、リズワン・サッター、ブレンデン・マリガン、ニック・ブルカ、ダニエル・ブルカに感謝する。ダンゾ、コンポーズ、ワン・ビッグ・シングの各社にはいつも感謝している。

　時間とエネルギー、人生に対する僕の考え方に影響を与えてくれた作家（など）のみなさんに感謝する。とくにカル・ニューポート、グレッチェン・ルービン、ジェームズ・アルタッカー、ジェイソン・フリード、J・D・ロス、ローラ・ヴァンダーカム、リン・パーディー、マーク・シッソン、ナシーム・タレブ、パット・シュルテ、ピート・アデニー、スティーブン・プレスフィールド、ヴィッキー・ロビン、ウォーレン・バフェットにありがとうと言いたい。

Jake

　愛する妻のホリーに最大の感謝を捧げる。君がいつも僕を励まし、情け容赦のない（これは最高のほめ言葉のつもり）フィードバックをくれなかったら、この本は絶対書けなかった。僕をとてもしあわせにしてくれてありがとう。

　ルーク、君が生まれてきてくれたおかげで、僕は時間管理というものを知った。長いプロジェクトのあいだ、ずっと仲よくしてくれ、デザインのセンスを発揮してくれてありがとう。

　フリン、楽しくしてくれてありがとう。そして執筆をやめて休憩をとるよう促してくれてありがとう。イラストの手伝いをしてくれて助かったよ。

　母さん、小学校時代は僕が書いた物語をタイプし、高校3年のときは作文の皮肉を受け流し、この本では正しい言葉を選べるよう手を貸してくれてありがとう。何より、母さんが

本を書いていたからこそ、自分にも書けると信じられた。もし僕を作家と呼べるとすれば、それは母さんのおかげだ。

　この本の冒頭に挙げたガンディーの言葉は、父さんの軽トラックのダッシュボードに長年貼ってあったものだ。父さんはそれを実践していた。一生のあいだ来る日も来る日も、時間の流れを緩やかにして、お金や名声より質の高い時間を優先するという型破りな選択をしていた。父さんが恋しいよ──注意を払うことを教えてくれてありがとう。

　多くの友人たちから、生活と時間に対する考え方を学ばせてもらった。全員の名前を挙げることはできないから、とくに影響を受けた2人に絞る。スコット・ジェンソンとクリステン・ブリランテス、君たちはスゴい。

　本を出版する機会を与えられたのは、とても幸運なことだった。扉を開いてくれた多くのみなさん、とくにシルヴィー・グリーンバーグ、クリスティ・フレッチャー、ベン・レーネン、ティム・ブラウン、ニール・イヤール、エリック・リース、ビル・マリス、ブレイデン・コウィッツ、チャールズ・デュヒッグに感謝する。

　またこの本は、僕の日々のすごし方を変えてくれた作家たちへのファンレターでもある。とくにダニエル・ピンクウォーター、デビッド・アレン、グレッチェン・ルービン、ジューン・バーン、ジェイソン・フリード、バーバラ・キングソルバー、ティム・アーバン、アニー・ディラード、ティム・フェリス、スティーヴン・キング、オースティン・クレオン、スコット・バークン、ダン・アリエリー、近藤麻理恵、トム・ケリーとデビッド・ケリー、チップ・ハースとダン・ハースに感謝する。万が一、彼らがこの謝辞を読んでい

たら、いつでもコーヒーをおごるので言ってほしい。

　そしてもちろん、偉大な友人ジョン・ゼラツキーに、スーパーデラックスな感謝を捧げたい。君の情熱と忍耐心、知性、洞察力、勤勉さ、建設的不調和に感謝している。僕は出会ったその瞬間から、君の世界観に魅せられた。君が突然思い立ってメキシコに船で旅立ったときは驚いたけれど、一緒に仕事ができて本当にうれしかった。

ILLUSTRATION CREDITS

本文イラストレーション　　　　　　　ジェイク・ナップ
スマホとラップトップの壁紙の撮影　ルーク・ナップ
一部のイラストレーションの彩色　　　フリン・ナップ

ジェイク・ナップ (Jake Knapp)

著術家、IDEO客員研究員。Googleで、あらゆる仕事を最速化する仕事術「スプリント(デザインスプリント)」を生み出し、Gmailの改良に生かすなど大きく貢献。その後GV(旧グーグル・ベンチャーズ)のデザインパートナーとして、スプリントをスラックやウーバー、23andMeなどで150回以上にわたり実行し、プロダクト構築を助ける。2017年より現職。現在もレゴ、ニューヨーク・タイムズなどにスプリントをコーチングしている。スプリントは世界中に広まり、国連や大英博物館を含む多くの企業や組織が事業戦略として活用している。著書に世界的ベストセラー『SPRINT 最速仕事術』(ジョン・ゼラツキー、ブレイデン・コウィッツと共著、ダイヤモンド社)がある。

ジョン・ゼラツキー (John Zeratsky)

YouTube、Googleなどのテクノロジー企業で、デザイナーとして「時間」を再設計するミッションに没頭してきた。GVのデザインパートナーを経て、現在は「ウォール・ストリート・ジャーナル」「タイム」「ハーバード・ビジネス・レビュー」「WIRED」他で執筆。ハーバード大学、IDEOなどの舞台に100回以上にわたって登壇するなど、スピーカーとしても活躍している。

櫻井祐子 (さくらい・ゆうこ)

翻訳家。京都大学経済学部経済学科卒、大手都市銀行在籍中にオックスフォード大学大学院で経営学修士号を取得。訳書に『SPRINT 最速仕事術』『第五の権力』『0ベース思考』(以上、ダイヤモンド社)、『NETFLIXの最強人事戦略』(光文社)、『選択の科学』『CRISPR 究極の遺伝子編集技術の発見』(以上、文藝春秋)、『OPTION B 逆境、レジリエンス、そして喜び』(日本経済新聞出版社)などがある。

時間術大全
——人生が本当に変わる「87の時間ワザ」

2019年6月19日　第1刷発行

著　者——ジェイク・ナップ、ジョン・ゼラツキー
訳　者——櫻井祐子
発行所——ダイヤモンド社
　　　　　〒150-8409　東京都渋谷区神宮前6-12-17
　　　　　http://www.diamond.co.jp/
　　　　　電話／03・5778・7232（編集）　03・5778・7240（販売）
カバーデザイン— 小口翔平(tobufune)
本文デザイン— 喜來詩織(tobufune)
本文DTP—キャップス
校正————円水社
製作進行——ダイヤモンド・グラフィック社
印刷————堀内印刷所(本文)・新藤慶昌堂(カバー)
製本————ブックアート
編集担当——三浦岳

ⓒ2019 Yuko Sakurai
ISBN 978-4-478-10611-2
落丁・乱丁本はお手数ですが小社営業局宛にお送りください。送料小社負担にてお取替えいたします。但し、古書店で購入されたものについてはお取替えできません。
無断転載・複製を禁ず
Printed in Japan

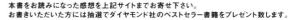

本書をお読みになった感想を上記サイトまでお寄せ下さい。
お書きいただいた方には抽選でダイヤモンド社のベストセラー書籍をプレゼント致します。

メイクタイム・メモ　　　　　　日付 _____

今日の**ハイライト**

ハイライトの時間をつくれたか？　　**イエス！　ノー**

今日の集中度

レーザー　（ 1 2 3 4 5 6 7 8 9 10 ）

今日のエネルギーレベル

チャージ　（ 1 2 3 4 5 6 7 8 9 10 ）

今日試した戦術　　　　　　どうだったか？

明日試したい（繰り返したい）戦術

今日の感謝の瞬間